Klaus Oberbeil

Glückshormone

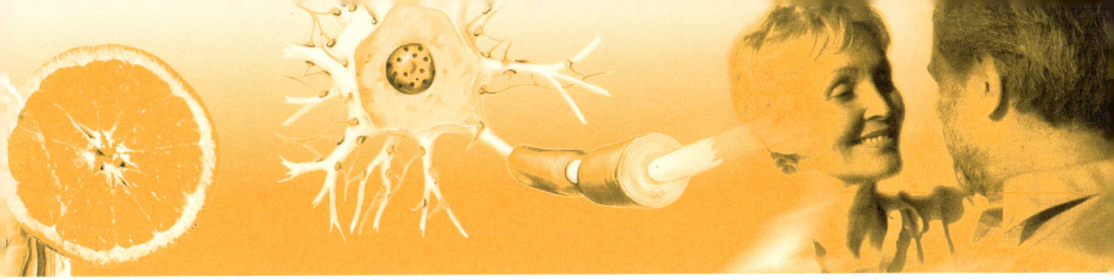

Klaus Oberbeil

Glückshormone

Ihre körpereigene Quelle
für mehr Lebensfreude

Econ

Abenteuer GEDÄCHTNIS

Warum GLÜCK für uns so wichtig ist

Faszinierende GLÜCKSHORMONE – ein Geschenk der Natur

INHALT

GEHIRN UND NERVEN – Wo unser Glück zu Hause ist

ANHEDONIE: Wenn man sich nicht mehr freuen kann

Wege aus der DUNKELHEIT

INHALT

Das Glücksprogramm für LEBENSFREUDE und Optimismus

PRAXIS-RATGEBER

Das Programm für den gesunden Körper und eine glückliche Seele

Wo finde ich Hilfe und Beratung?

Wichtige Internet-Adressen

- Bundesministerium für Gesundheit und Soziale Sicherung: www.bmgs.de
- Bundeszentrale für gesundheitliche Aufklärung: www.bzga.de
- Barmer Ersatzkasse: www.barmer.de
- AOK Gesundheitskasse: www.aok.de
- Deutsche Gesellschaft für Suizidprophylaxe: www.suizidprophylaxe.de
- Berufsverband der Yogalehrer: www.yoga.de
- Fachverband für Tai Chi und Qi Gong: www.tai-chi-zentrum.de
- Surat-Shabd-Meditation: www.sos.org/german

Vorwort

»Es gibt weder Paradies noch Hölle auf dieser Lehmkugel, welche Erde heißt, beide schafft allein die Stimmung, die gerade beim Menschen vorwaltet« verriet uns der Journalist H.Hart schon 1883 in den Berliner Briefen. Und beschreibt Neuromodulation. Die Erkenntnis, daß die Wahrnehmung der Tatsachen immer gefärbt wird von der jeweiligen Stimmung. Frisch verliebt tragen wir eine rosarote Brille. Ein Depressiver sieht alles grau. Zur Sensation werden diese Sätze dann, wenn man hört und selbst einmal erfährt, daß Neuromodulation machbar ist. Daß man die Anzahl der Glückshormone im Gehirn selbst, ganz persönlich in jeder Sekunde des Lebens steuern kann. Wirklich? Wer weiß denn das? Wer tut dies bewußt? Jedenfalls kaum ein Deutscher. Gehen Sie bitte einmal die Hauptstraße entlang und gucken Sie Ihren Mitmenschen ins Gesicht. Leben im Grau.

Oberbeil, der raunende Beschwörer der Glückshormone, übersetzt wieder einmal in der ihm eigenen unnachahmlichen Art medizinisches Fachwissen in die Praxis. Gibt uns die Instrumente in die Hand, das Leben als das zu leben, was es sein kann: Glück.

Das Schöne daran ist, es funktioniert.

Bestätigt lächelnd
Ihr

Dr. U.Strunz

Einführung
Jung & fit durch GLÜCKS-HORMONE

Wir Menschen mögen mit unseren rund 70 Billionen Körperzellen kompliziert aufgebaut sein – trotzdem funktioniert unser Organismus auf simple Art und Weise: Wir essen und trinken, um uns zu ernähren. Wir schlafen, um uns zu erholen. Und wir bewältigen die Herausforderungen im Alltagsstreß mit Hilfe eines speziellen Hormonsystems. Eine bedeutende Rolle spielen dabei Glückshormone, sogenannte Neurotransmitter, die uns wach, konzentriert und euphorisch stimmen, so daß wir Spaß am Streß haben, in positiver Stimmungslage Konflikt- und Problemsituationen bewältigen.

Dies hat die Natur schon vor vielen Millionen Jahren so eingerichtet, auch bei allen Tieren in freier Natur. Neurotransmitter und ihre kleinen psychoaktiven Geschwister, die Neuropeptide, sind vorwiegend Eiweißmoleküle, die von unseren Gehirn- und Nervenzellen synthetisiert werden. Rohstoff für diese Proteine sind Eiweißbausteine, sogenannte Aminosäuren, denen Wissenschaftler etwas komplizierte Bezeichnungen gegeben haben: Phenylalanin, Tyrosin, Tryptophan. Seit Beginn des neuen Jahrtausends achten moderne Ärzte und Ärztinnen nicht mehr allein auf die Konzentration an Gesamteiweiß im Blut. Man weiß inzwischen, daß es spezielle Aminosäuren für den Aufbau von Muskeln oder Bindegewebe gibt – und dementsprechend auch solche für Gehirn und Nerven. Bei einem Defizit ist es biochemisch unmöglich, sich zu freuen, zu begeistern, sich zu verlieben oder auch Kreativität zu entwickeln.

Die gute Nachricht: Gehirn- und Nervenzellen kann man quasi über Nacht mit ihrem Glücksfutter aufpäppeln. Sie produzieren dann spontan ausreichend Glücksstoffe – und wir fühlen uns morgens vorm Badezimmerspiegel mental besser und sind auch körperlich fit und ganz einfach besser drauf. Glückshormone aktivieren schließlich nicht nur die Psyche, sondern wirken im ganzen Organismus vitalisierend.

In der Praxis sieht dies so aus: Nervenzellen saugen Tag und Nacht unermüdlich die psychoaktiven Eiweißbausteine aus dem Blut auf und speichern sie in sogenannten Vesikeln, in winzigen Säckchen. Wenn wir unter Streß stehen, irgend etwas planen, geistig entwickeln, eine Herausforderung, ein Problem lösen müssen oder auch wenn es Anlaß zum Jubeln gibt, synthetisieren die Zellen aus dem gespeicherten Rohstoff ihre Glückshormone wie Noradrenalin, Dopamin, Serotonin und andere. Sie versetzen uns in eine positive Stimmungslage, wir empfinden Heiterkeit, Gelassenheit, Zufriedenheit, Glück.

Unser Alltagsstreß frißt freilich viel Eiweiß aus unserem Blut – ein Grund dafür, daß viele Menschen chronisch müde sind, verzagt, lustlos, Streßsituationen und Konflikten aus dem Weg gehen, zu Pessimismus und depressiven Verstimmungen neigen. Fehlernährung mit einem Mangel an gesunden Lebensmitteln wie Obst, Salat, Rohkost, Gemüse oder Vollkornprodukten sorgt zusätzlich für ein entsprechendes Nährstoffdefizit. Aus diesem Dilemma finden viele Menschen nicht heraus. Dieser Ratgeber schildert anschaulich die Ursachen – er bietet Selbsttests und Programme mit konkreter Anleitung, die helfen, daß Gehirn- und Nervenzellen schon nach wenigen Tagen oder gar Stunden wieder mehr Glückshormone synthetisieren und damit die Lebensqualität verbessern.

Warum GLÜCK für uns so wichtig ist

Leistungsfähig, entspannt und glücklich sein, das wollen wir alle. Dafür sorgen Botenstoffe, die in unseren Nerven und in unserem Gehirn gebildet werden. Sie machen nicht nur gute Laune, sondern wirken auf den ganzen Körper vitalisierend. Und diese »Glücksproduktion« können wir selbst beeinflussen.

»

Auch Pflanzen synthetisieren in ihrem Zellstoffwechsel Hormone.

Wenn wir morgens aus den Federn kriechen, sollten wir uns eigentlich schon mit dem ersten Schritt in Richtung Badezimmer froh und optimistisch fühlen. Noch in der Nacht, während wir schlummerten und träumten, waren im zirkadianen Rhythmus kleine Hormonfabriken rege. Sie haben emsig Wachhormone produziert und sie in die Blutbahn versandt. Die winzigen Moleküle verdrängen nach und nach die Nachthormone und wecken uns auf – zusätzlich stimuliert durch die ersten Lichtstrahlen der 150 Millionen Kilometer entfernten Sonne.

Und dann hat die Natur noch etwas ganz Tolles erfunden: Sie hat diesen Weckhormonen noch ein weiteres beigesellt: Beta-Endorphin, ein sogenanntes Neuropeptid, das uns euphorisch auf den kommenden Tag einstimmt. Auch Tiere haben diese Kombination stimmungsaufhellender Hormone von der Natur geschenkt bekommen. Dies ist ganz wichtig. Denn Lebewesen müssen die Herausforderungen des Alltags optimistisch annehmen, also quasi Freude am Alltagsstreß entwickeln. Nur so sind sie richtig lebensfähig.

Ohne diese Hormone gäbe es keine Tiere und auch keine Menschen auf der Erde. Und auch keine Pflanzen. Denn auch die synthetisieren in ihrem Zellstoffwechsel Hormone, mit denen sie zum Beispiel auf Licht und Wärme, auf Kälte oder Feinde reagieren. Pflanzen entwickeln sogar hundert Mal mehr Hormone als wir Menschen,

SELBSTTEST

Fehlen mir Glückshormone?

- Wenn Sie in der Frühe ihre Beine über die Bettkante heben, aufstehen, sich recken und gähnen und sich danach, vielleicht auch noch ein wenig schläfrig, auf den Weg ins Badezimmer machen – sind Sie dann richtig froh und vergnügt? Könnten Sie innerlich jubeln, empfinden Sie den bevorstehenden Tag als Geschenk?

- Wenn Sie jetzt mit ja antworten, stimmt Ihre morgendliche Produktion an Glückshormonen, man darf Ihnen gratulieren. Ihre Gehirn- und Nervenzellen sind prächtig drauf, bestens vorbereitet auf den bevorstehenden Alltagsstreß. Dies bedeutet freilich noch lange nicht, daß Ihre körpereigene Produktion von Glücksstoffen den ganzen Vormittag oder gar den ganzen Tag über anhält.

- Andererseits: Wenn Sie morgens aufwachen, die Augen aufschlagen, in die Pantoffeln schlüpfen und sich ins Badezimmer begeben – sind Sie dann meist niedergeschlagen und lustlos? Wäre es Ihnen lieber, Sie könnten noch recht lange liegenbleiben, müßten vielleicht am besten überhaupt nicht aufstehen? Fühlen Sie sich bedrückt, mutlos, miesepetrig, freudlos?

- In diesem Fall ist ganz klar, daß Ihnen Glückshormone fehlen. Möglicherweise sind Sie ansonsten kerngesund und körperlich fit – aber es fehlen Ihnen einfach die Glücksstoffe. Die gute Nachricht: Sie können die körpereigene Produktion an stimmungsaufhellenden Hormonen mit einfachen Mitteln in Schwung bringen. Dieses Versprechen erhalten Sie aus erster Hand – nämlich aus der Natur, aus dem genetischen Programm, das unauslöschlich in Ihren Erbanlagen enthalten ist. Wie dies auf ganz einfache Weise funktioniert, lesen Sie in den folgenden Kapiteln dieses Buches.

und ihre Hormone funktionieren bis zu tausend Mal empfindsamer, zum Beispiel auf Lichtreize. Pflanzen können das Tageslicht schon erkennen, wenn wir Menschen noch immer nichts als totale Finsternis sehen.

Den Alltagsstreß optimistisch meistern

Tiere in freier Natur schlafen innerhalb von drei Sekunden ein und wachen innerhalb weniger Zehntelsekunden auf, sind aber sofort hellwach und euphorisiert. Das müssen sie auch, denn in dem Augenblick, in dem sie sich bewegen, entsteht ja schon die Gefahr, daß sie erkannt und möglicherweise von einem Raubtier gefressen werden.

Deshalb hat die Natur es so eingerichtet, daß Lebewesen, also auch wir Menschen, morgens schnell putzmunter werden und dabei auch gleich richtig Spaß am Leben haben. Entgegengesetzt darf es nicht sein, daß wir den Tag lustlos, verzagt, vielleicht sogar ängstlich beginnen. Eine dermaßen defensive Grundeinstellung dem beginnenden Tag gegenüber ist genetisch in unseren Gehirn- und Nervenzellen nicht vorgesehen.

Glückshormone sind die Lieblinge der Natur

Vor drei oder vier Milliarden Jahren hätte es keinen Spaß gemacht, auf der Erde zu leben. Die war trist und öde, eine sauerstoffarme Dampfglocke aus Kohlendioxid, Wasserstoff und Sauerstoff hing über finsterem Gestein. Erst nach und nach entwickelte sich überhaupt richtiges Wasser – und damit auch Ozeane, in denen sich im Laufe der biologischen Evolution Algen, Bakterien und andere niedere Lebewesen bildeten.

So nach und nach aber wurde das Meeresleben immer üppiger und fruchtbarer, Pflanzen drängten an Land, bekamen gewissermaßen Beine, auf denen sie kriechen konnten – es entstanden also Tiere, die sich zu immer größeren Lebewesen entwickelten. Und irgendwann gab es auch die ersten Menschen. Die Natur hatte es in dieser Zeit nicht leicht, ihre Lebewesen mit allem auszustatten, was sie für ihren Konkurrenzkampf benötigten:

- Knochen und Bindegewebe für kräftige Konstitution,
- ein gesunder Kreislauf, der alle Zellen mit Nährstoffen versorgte,
- ein Verdauungssystem, das pflanzliche und tierische Nahrung zu Basisnährstoffen abbaute,
- ein Fortpflanzungssystem, das den Fortbestand der jeweiligen Art garantierte
- und ein übergeordnetes Nervensystem, das alle Mechanismen des Körpers sinnvoll überwachte und koordinierte.
- Was am Ende noch wichtiger war: Ein hochentwickeltes Gehirn nahm Eindrücke auf und kontrollierte sämtliche Vorgänge im Körper mit Hilfe von Drüsen und Hormonen.

Weil sich aber Tiere oder Menschen zusehends energischer um Lebensraum balgten oder für ihre Fortpflanzung engagierten, besetzte die Natur das Gehirn- und Nervensystem noch mit Glückshormonen, die im Alltagsstreß euphorisch stimmten und den Konkurrenzkampf erleichterten.

Diese Hormone sind eine bedeutende Entwicklung der Natur und gleichzeitig auch ihre Lieblinge. Hormonmoleküle sind unendlich winzig – und trotzdem extrem explosiv und leistungsfähig. Je mehr Glückshormone wir in unserem Organismus synthetisieren und zur Verfügung stellen, desto besser fühlen wir uns und um so optimistischer und freudiger nehmen wir am Leben teil.

Wenn die kleinen Stimmungsaufheller fehlen

Manche Menschen klagen darüber, daß sie sich überhaupt nicht mehr richtig freuen, jubeln, sich begeistern können. Wo sie noch vor wenigen Jahren beim Anblick einer Blume, eines kleinen Kindes in Entzücken gerieten, reagieren sie jetzt seelenlos, innerlich vielleicht wie tot.

Die Folge: Der Alltag verläuft oft belastet, der oder die Betroffene fühlt sich niedergeschlagen, mut-

GUT ZU WISSEN

Die ersten Warnsymptome für Störungen unseres seelischen Gleichgewichts

- Man empfindet eine rätselhafte innere Unruhe.
- Man scheut Dinge oder Verrichtungen, die vorher Spaß bereitet hatten, zum Beispiel das Kochen eines Lieblingsgerichts, der Spaziergang im Park, Besuch bei Freunden oder Verwandten.
- Man guckt sich nicht mehr gerne im Spiegel an, geht sich gewissermaßen selbst aus dem Weg.
- Der Fernseher wird oft gar nicht eingeschaltet, Musik aus dem Radio oder Autoradio nervt, bringt einen nicht mehr so in Stimmung wie früher.
- Immer seltener nimmt man Einladungen an, mehr und mehr meidet man die Geselligkeit, den Umgang mit anderen.
- Man versucht, sich mit Kaffee, Alkohol, Zigaretten oder stimmungsaufhellenden Tabletten irgendwie in Schwung zu bringen.
- Depressive Verstimmungen, erste Angstzustände belasten den Alltag wie finstere Wolken.

los, kann sich aber die Ursachen nicht erklären. Wer an diesem Punkt angekommen ist, braucht Hilfe.

Die Ursachen für seelische Störungen sind zahlreich und ihre dauerhafte Überwindung ein langwieriger und schwieriger Prozeß. Die gute Nachricht lautet: So wie eine ungesunde Lebensweise unser seelisches Wohlbefinden beeinträchtigt, helfen schon ein paar kleine Veränderungen, um die Produktion der körpereigenen Glücksstoffe anzukurbeln. Wenn Sie anfangen, Ihren Organismus mit der ihm gebührenden Wertschätzung zu behandeln, werden Sie erstaunt sein, wie schnell Energie und Lebensmut wieder zunehmen und die akuten Krisensymptome verschwinden. »Derlei mentale Signale sind verständliche Reaktionen des Organismus auf einen Mangelzustand im Gehirn- und Nervenstoffwechsel«, erläutert die Psychobiologin Dr. Lynn S. Hertz von der University of Southern California in La Jolla (USA). »Wer seine Nervenzellen nicht ausreichend mit lebensnotwendigen psychoaktiven Nährstoffen füttert, fühlt sich unglücklich und braucht sich über ein defensives Verhalten in Streßsituationen nicht zu wundern. Balkonblumen ohne Wasser verdorren ja auch. Wer sich ausschließlich von nährstoffarmen Fertig- und Mikrowellengerichten, von zu süßem oder zu fettem Fast food ernährt, darf nicht erwarten, daß sein Glückssystem auf Dauer funktioniert.«

Ich habe es schon betont: Es ist relativ einfach, seine Glückshormone selbst zu basteln. Wir müssen nur wieder lernen, auch mit unserer Psyche, mit unseren Milliarden winzigen Nerven- und Gehirnzellen, verantwortungsvoll umzugehen.

Das Versagen in wichtigen Situationen

Es gibt Situationen im Leben, da traut man sich wenig zu. Den Chef um eine längst fällige Gehaltserhöhung fragen, das Auto in eine knapp bemessene Parklücke steuern, sich auf dem Gehsteig an einem kläffenden Köter vorbeiwinden, am Bankschalter einen Kredit beantragen – alles unüberwindliche Hindernisse auf dem Weg zum Glück. Öffentlich eine Rede halten? Schon bei dem Gedanken zittern die Hände und bricht Angstschweiß aus.

Nicht selten versagen die Nerven bei der Partnersuche oder beim Vorstellungsgespräch. Also ausgerechnet dann, wenn es um die wichtigen Dinge bei der Zukunftsgestaltung geht. Man nimmt sich fest vor, optimistisch und dynamisch aufzutreten, locker ein paar intelligente Sprüche loszulassen und überhaupt den Eindruck zu erwekken, als sei man so eine Art Siegertyp und ohnehin äußerst begehrt. Statt dessen macht man sich bangen Herzens auf den Weg, verhaspelt sich beim Reden oder bringt den Mund überhaupt nicht richtig auf. Man macht insgesamt den Ein-

GUT ZU WISSEN

Der Fuchs und der Feldhase

Streß frißt psychoaktive Nährstoffe aus Blut und Zellen und kann im Extremfall das Gewebe sogar regelrecht ausplündern. Für die Produktion von Fröhlichkeit und Spaß fehlt es dann an Rohstoffen. Möglicherweise kommt es gar zu Angstzuständen.

Ein Beispiel: Ein Fuchs hetzt einen Feldhasen über Feld und Wiesen, bis dieser ihm schließlich zitternd und schlotternd ins Unterholz entkommt. Der anhaltende massive Streß hat dem kleinen Feldhasen alle Kräfte geraubt. Das weiß die gütige Natur ganz genau. Deshalb senkt sie Angst über ihn, sie will ihn davor bewahren, sich allzu übermütig und noch nicht wieder im Besitz seiner Nervenkraft hinaus aufs Feld zu wagen. Erst wenn der Hormonspiegel des Hasen sich wieder normalisiert hat, wird er sein Versteck verlassen und mit ausreichend Energie seine Nahrungsaufnahme fortsetzen.

Ohne das Mittel der Angst wären viele oder vielleicht schon alle Tiere auf der Erde ausgestorben. Auch wir Menschen sind von unserer physiologischen Herkunft Tiere. Unser Genom, Summe und Aufbau unserer Gene, der Erbanlagen, deckt sich noch immer zu 98 Prozent mit jenem der Schimpansen, unseren nächsten Verwandten. Zuviel Streß – und vor allem auch Fehlernährung – erzeugt auch in uns ein Vakuum an Rohstoffen für Glück. Dann können wir uns eben nicht oder nur bedingt freuen.

Die gute Nachricht: Nerven- und Gehirnzellen lassen sich rasch aufpäppeln, mit Rohmaterial für Glücksstoff-Hormone versorgen. Oft schon von einem Tag auf den anderen fühlen wir uns dann mental besser und zuversichtlicher.

Positive Stimmung – die Hormone sind in gesunder Balance.

druck einer eher müden und wenig erfolgreichen Persönlichkeit.

Angst als Selbstschutz

Biochemisch verhält sich die Sache so, daß Gehirn- und Nervenzellen einfach über keine Rohstoffe für die Synthese von Glückshormonen verfügen. Sie sind erbärmlich schlecht mit Eiweiß, Vitaminen, Spurenelementen und anderen Biostoffen ausgestattet, die sie aber dringend zur Herstellung sogenannter Neurotransmitter brauchen, die für unsere Versorgung mit Glück und Freude unerläßlich sind. Wenn einem Bäcker Mehl fehlt, kann er auch keine Brötchen backen.

Wenn also Nerven und Gehirn so mitleiderregend schlecht genährt sind, stülpt die Mutter Natur in gütiger Schutzfunktion ein defensives Streßverhalten, Müdigkeit oder gar Angst über uns. Ganz einfach deshalb, weil sie uns davor bewahren möchte, daß wir mit ungenügend ausgerüsteten Nervenzellen in Risiken hineingehen oder Herausforderungen annehmen, denen wir derzeit nicht gewachsen sind.

Dies ist genetisches Axiom, unverrückbares Gesetz der Natur seit vielen Millionen Jahren – gültig für alle Tiere und auch für uns Menschen. Moderne Psychobiologen betrachten Ängstlichkeit oder Verzagtheit deshalb als etwas Positives. Als selbstverständliche und lebenswichtige Reaktion auf ein Nährstoffdefizit im Gehirn und im Nervensystem. Wird die Entgleisung behoben, die gesunde Hormonbalance wiederhergestellt, stellt sich unverzüglich wieder die genetisch programmierte positive Stimmungslage ein. Dies ist ein Versprechen der Natur.

Das Leben soll Spaß machen

So will es die Natur – und so hat sie es auch genetisch eingerichtet. Einem Raubtier, das nicht optimistisch, sondern eher betrübt auf die Jagd geht, knurrt wohl den ganzen Tag lang der Magen. Ein Tier, das nicht kreativ und optimistisch seine Fluchtwege setzt, wird schnell zur Beute.

Bei uns Menschen verhält sich dies nicht anders. Wer seinem Alltagsstreß verzagt und mutlos begegnet, hat wenig Spaß – und meist auch wenig Erfolg. Dabei hat die Natur es vorgesehen, daß jeder von uns mit Freude an seine Pflichten herangeht. Wäre dies nicht der Fall, hätte sie darauf verzichtet, uns mit Glückshormonen auszustatten. Es ist betrüblich, wenn ein Mensch seinen hormonellen Stoffwechsel verkümmern läßt und deshalb seine Tage in Langeweile, Trübsinn oder gar in depressiven Verstimmungen verbringt. In den folgenden Kapiteln erfahren Sie, welche stimmungsaufhellenden Hormone es gibt und wie man sie in seinem eigenen Stoffwechsel mit einfachen Mitteln selbst produziert.

GUT ZU WISSEN

Auch unsere Nerven- und Gehirnzellen wollen aufgepäppelt und fit gehalten werden. Sie sind aber genetisch auf die Verwertung sehr spezieller Nährstoffe programmiert. Deshalb sind sie ganz darauf angewiesen, welche Biostoffe der Darm aus dem Nahrungsbrei freisetzt und in die Blutbahn abgibt.

Die neuen Wege zum Glück

Seit Ende des letzten Jahrtausends stehen Wissenschaftlern computergesteuerte High-Tech-Analyse-Geräte zur Verfügung, die Einblicke in unsere Zellen im sogenannten nanomolaren Bereich ermöglichen – dies sind billionstel Gramm. Moderne Neuroforscher gucken heute wie durch ein Schaufenster in Nerven- und Gehirnzellen hinein und beobachten genau, welche Faktoren unser Glückssystem belasten oder stimulieren.

GUT ZU WISSEN

Die acht essentiellen Aminosäuren

- Leucin
- Phenylalanin
- Isoleucin
- Valin
- Threonin
- Lysin
- Tryptophan
- Methionin

Diese lebensnotwendigen Eiweißbausteine müssen wir unbedingt mit unserer Nahrung aufnehmen. Unser Stoffwechsel kann sie nicht selbst herstellen.

Noch vor fünf oder zehn Jahren wäre dies nicht möglich gewesen, deshalb gab es damals nur unbefriedigende Einblicke in die Entstehung von nervlichen Störungen oder mentalen Erkrankungen. Mit den neuen Erkenntnissen konnten auch die Therapien entscheidend verbessert werden.

Der Grund ist einfach: Wenn chemisch definierte und hergestellte Arzneimittel die besten Glücksbringer wären, hätte die Natur schon vor Millionen Jahren Valium, Tolvin, Fluctin oder andere Pillen und Dragees auf Bäumen und Sträuchern wachsen lassen, um Tiere mit Optimismus und Nervenkraft auszustatten. Statt dessen hat sie es so eingerichtet, daß Lebewesen ihre euphorisierenden Glückshormone im Nerven- und Gehirnstoffwechsel selbst produzieren. Noradrenalin – den wohl bedeutendsten Glücksstoff der Natur – kann man weder in Tablettenform schlucken noch sich beim Nervenarzt injizieren lassen.

Wie und auf welche Weise genau Nervenzellen ihre kleinen Glücksbringer synthetisieren, weiß man erst seit sehr kurzer Zeit. Tatsächlich erweist sich dieses Wissens-

gebiet mehr und mehr als faszinierend und atemberaubend. Seit dem Jahr 2000 kommt es zu völlig neuen und originären Einsichten und Einblicken in die Entstehung und Behandlung psychischer Störungen und Erkrankungen. Sie vermitteln vielen Menschen neue Hoffnung – und erfreulicherweise oft auch baldige Linderung und Heilung ihrer Beschwerden.

Grundlage dafür ist die Erkenntnis, daß die Störung einer Reihe unterschiedlichster Hormonsysteme depressiv macht. Insbesondere Veränderungen des sogenannten Hypothalamus-Hypophysen-Nebennierenrinden-Systems (HHNR-System) sind dafür verantwortlich. Daher kann jedes Bemühen um ein Aufhellen der Grundstimmung auf Dauer nur erfolgreich sein, wenn nicht nur die Symptome, sondern auch die gestörte Hormonregulation behandelt wird.

GUT ZU WISSEN

Wozu Psychopillen in der Apotheke kaufen, wenn wir Glückskräfte in uns selbst synthetisieren können? Spätestens ab dem Jahr 2005 gibt es ganz neue wissenschaftliche Empfehlungen, wie dies funktioniert.

Faszinierende GLÜCKSHORMONE – ein Geschenk der Natur

So richtig schön wird das Leben erst durch diese kleinen Heinzelmännchen der Freude. Hormone sind Moleküle, also winzige Basisteilchen der Natur. Obwohl sie unendlich klein sind, üben sie in unserem Körper eine vergleichsweise explosive Wirkung aus.

»

Die Hormone sind wesentlich potenter als etwa Vitamine oder Koenzyme, die im Stoffwechsel ebenfalls höchst aktiv sind und deren Kern oft ein Vitamin bildet. Benötigt werden Hormone nicht nur für die Produktion froher Empfindungen, sondern eigentlich an allen Ecken und Enden in unserem Organismus. Unsere etwa haselnußgroße Hypothalamus-Drüse im Zwischenhirn synthetisiert Hormone, die bestimmte Regelkreise in Gang setzen: für die Fortpflanzung, fürs morgendliche Wachwerden, für die Streßfähigkeit usw. Die gerade mal kirschkerngroße benachbarte Hirnanhangdrüse produziert Hormone, die viele verschiedene Mechanismen in unserem Körper stimulieren. Sie wirken auf die Schilddrüse, sorgen für die Milchbildung der stillenden Mutter, für die Verjüngung unserer Körperzellen für eine wache, konzentrierte Bewältigung des Alltags, für die Fortpflanzung und vieles mehr. Die Schilddrüse selbst bringt den Stoffwechsel der Zellen in Schwung. Die Zirbeldrüse, die sich an die Gehirnbasis anschmiegt, stellt das Schlafhormon Melatonin her.

Die Nebennierenrinde synthetisiert Sexualhormone oder auch das entzündungshemmende Kortisol, das Nebennierenmark vorwiegend aktivierende Streßhormone. Andere Drüsen stellen Hormone her, die den Kalzium-Haushalt kontrollieren, Libido und Fortpflanzung aktivieren, die Verdauung in Schwung bringen, den Blutdruck regulieren, im Immunsystem mitwirken oder den Blutzuckerspiegel regulieren. Schließlich gibt es auch noch Gewebshormone wie zum Beispiel die sogenannten Prostaglandine oder Leukotriene, die hauptsächlich in den Gefäßwänden aktiv sind und für Rötungen, Schwellungen und Entzündungen verantwortlich sind, die ihrerseits dazu dienen, Krankheitserreger abzutöten oder auszuscheiden.

Hormone sind also in unserem ganzen Körper höchst aktiv. Ohne sie wäre ein Stoffwechselleben nicht möglich. Faszinierend sind sie alle, eine herausragende Rolle unter ihnen spielen allerdings die Glückshormone. Diese repräsentieren eine der bedeutendsten Leistungen der Natur in Milliarden Jahren biologischer Evolution.

Glücksstoffe in unserem Körper

Die kleinen beglückenden Heinzelmännchen-Moleküle entstehen in verschiedenen Regionen unseres Organismus – in Gehirnzellen, Nervenzellen und in Drüsen –, oder sie spalten sich aus größeren Hormonmolekülen ab. Sie haben leider allesamt recht komplizierte wissenschaftliche Bezeichnungen, wie zum Beispiel Serotonin oder Beta-Endorphin. Passender wären Begriffe wie »Glücksbote«, »Harmoniemolekül« oder »Jubelsubstanz«. Doch mit solchen Ausdrükken können Gehirnforscher und Neurobiologen verständlicherweise leider wenig anfangen.

Der Natur ist die wissenschaftliche Terminologie gänzlich fremd, sie kennt ja überhaupt keine Namen oder Begriffe. Bevor Menschen auf der Erde lebten, kamen Blumen, Beeren, Fische oder Vögel ganz ohne begriffliche Kennzeichnung aus. Im Amazonas-Dschungel gibt es Gebiete, die nie ein Mensch betreten hat und in denen eine unermeßliche Vielfalt bunter Orchideen und anderer exotischer Pflanzen völlig unberührt und ganz

GUT ZU WISSEN

Moleküle spenden Freude
Moderne Psychoforscher unterscheiden zwischen drei Kategorien von Glücksstoffen: Sogenannte Neurotransmitter leiten elektrische Erregungen von Nervenzelle zu Nervenzelle und verbreiten auf diese Weise Spaß am Leben. Die Hormone wirken verjüngend auf Zellen und belebend auf die Psyche. Die Neuromodulatoren wiederum sorgen dafür, daß Begeisterung oder Jubel lange anhalten. Im Verbund mit Hormonen und Neurotransmittern komplettieren sie optimistische Streßbewältigung, Zuversicht und Lebensfreude.

ohne abstrakte Namensgebung auskommt.

Dies ist das wahre Paradies. Und ein ebensolches Paradies existiert auch in unserem Inneren. Voller Wunder, Geheimnisse und Rätsel. Erst nach und nach begreifen wir die Mysterien unseres Körpers, enträtseln den Zauber der Glückshormone. Und weil wir Menschen jedem noch so kleinen Gegenstand unsere spröde Terminologie aufprägen, mußten wir auch diese hilfreichen Moleküle mit einem jeweiligen Fachausdruck belegen.

Siebenmal gute Laune

In unserem Körper sind Tag für Tag und Nacht für Nacht rund 90 verschiedene Hormone oder hormonähnliche Substanzen aktiv. Gut zwei Dutzend davon beteiligen sich aktiv an unserem Seelenleben, sie spielen also quasi in dem Hormonorchester mit, das uns Freude bringt und das Leben erleichtert. Die eigentlichen Manager unserer guten Laune sind jedoch sieben auserwählte Substanzen, die wir wohl zu Recht zu den Favoriten der Natur zählen können. Auf sie darf die Natur dementsprechend stolz sein.

Wenngleich auch Tiere in ihrem Nerven- und Zellstoffwechsel diese Substanzen hervorbringen, entfalten sie sich doch in unserem Gehirn in einem weit größeren Reichtum. Ihnen verdanken wir es, daß wir Menschen über ein Bewußtsein verfügen, das uns Freude, Begeisterung, Liebe oder Freiheit überhaupt wahrnehmen läßt. Ist ja auch kein Wunder: Das Gehirn eines Elefanten mag zwar größer sein als unseres. Aber unser Gehirn ist dafür viel üppiger ausgestattet – mit mehr als 100 Milliarden Neuronen, die untereinander in unermeßlicher Mannigfaltigkeit kommunizieren. Sieben Psychosubstanzen spielen die Hauptrolle in der Fabrik für gute Laune. Sie heißen:

- Dopamin
- Noradrenalin
- Serotonin
- Acetylcholin
- ACTH
- Beta-Endorphin
- Wachstumshormon.

Drei fröhliche Musketiere

Unser menschliches Inneres ist äußerst kompliziert aufgebaut. Doch in wesentlichen Dingen hat uns die Natur ein verblüffend einfaches Selbstbehauptungsprogramm eingebaut. So zum Beispiel in der Produktion von Glückshormonen. Drei von ihnen sind so wichtig, daß wir ihre Moleküle aus jeweils nur einer einzigen Aminosäure, also aus einem einzigen Eiweißbaustein synthetisieren. Deshalb werden sie auch als Monoamine bezeichnet:

- Dopamin entsteht unmittelbar aus dem Eiweißbaustein Tyrosin,
- Noradrenalin synthetisiert unser tüchtiger Nervenstoffwechsel aus Dopamin,
- und Serotonin produzieren wir aus der Aminosäure Tryptophan.

Dazu sind jeweils nur wenige Stoffwechselschritte notwendig, die sich zudem in einem unvorstellbar hohen Tempo vollziehen, nämlich in tausendstel oder millionstel Sekunden. Gute Laune und Lebensfreude stehen also extrem schnell zur Verfügung, wenn wir unserem Nervensystem nur ausreichend Rohstoffe für ihre Produktion zur Verfügung stellen.

Auch andere lebensnotwendige Moleküle sind simpel konstruiert, so zum Beispiel Hormone, die die Schilddrüse und damit unsere Lebenskräfte stimulieren, wie Glukose (der kleinste Baustein der Kohlenhydrate) oder wie das für unseren Körper wichtige und allgegenwärtige Vitamin C.

Der Unterschied besteht nur darin, daß diese Substanzen in körperlichem Gewebe wirksam werden, die drei fröhlichen Musketiere aber in einer anderen Welt, im überlegenen Kosmos nervlicher Schaltzentralen.

GUT ZU WISSEN

Damit optimistische Menschen das Leben leichter meistern und stets fröhliches Erbgut an folgende Generationen weitergereicht wird, hat die Natur mit der Entwicklung der drei Psychosubstanzen Dopamin, Noradrenalin und Serotonin eine ihrer außergewöhnlichsten Leistungen vollbracht.

Dopamin für Harmonie und inneren Frieden

Dies ist der Glücksbote für reifere Menschen, Garant für Seelenfrieden. In unserer zweiten Lebenshälfte tragen wir den Reichtum unserer Erfahrungen mit uns, betrachten die Welt oft mit mehr Mitgefühl und Liebe als die Jugend, deren Glückshormone meist offensivere Elemente aufweisen. Dopamin vermittelt dazu das behagliche Glücksgefühl.

Wenn sich ein Mensch gesund ernährt, ausreichend entspannt und für genügend Bewegung sorgt, saugen seine Gehirn- und Nervenzellen unermüdlich Tyrosinmoleküle aus dem Blut, also den notwendigen Eiweißrohstoff für die Synthese von Dopamin. Dieser sogenannte Neurotransmitter wird in der Nervenzelle hergestellt und in den Grenzbereich des Neurons transportiert, also dorthin, wo sich zwei oder mehrere Nervenzellen aneinanderschmiegen. Hier wird Dopamin in sogenannten Vesikeln eingelagert, winzigen Depotsäckchen.

Wenn wir nun etwas Schönes sehen oder erfahren, durch eine Berührung, eine Liebkosung, eine frohe Botschaft, wenn wir uns also freuen sollen, setzen diese Bläschen ihren Inhalt an Dopamin frei. Der Nervenstoff sendet dann Glücksimpulse an benachbarte Nerven. Die wiederum geben die Jubelbotschaft weiter – und so schießt über chemische und elektrische Reize die süße Flut von Glück und innerem Frieden durch uns hindurch. Dies mag geschehen, wenn wir eine hübsche Blume sehen, ein Kind streicheln, mit einem jungen Hund spielen, staunend einen Sonnenuntergang beobachten.

Wenn aber die winzigen Vesikel

GUT ZU WISSEN

Junge Menschen produzieren Glücksboten in einem anderen Verhältnis als ältere oder alte Zeitgenossen. Dies hat die Natur so eingerichtet, um Menschen je nach Alter anders auf existentielle Bedürfnisse einzustellen.

leer sind und kein Dopamin enthalten, können auch keine Glücksempfindungen übertragen werden. Man fühlt sich dann innerlich wie tot, nimmt am Leben nicht mehr richtig teil. Wenn man die kleinen Vesikel wieder mit Gute-Laune-Molekülen füllt, gewinnt man schnell Optimismus und neuen mentalen Schwung zurück.

Noradrenalin für Euphorie und Kreativität

Auch dieser Neurotransmitter ist ein winziges Molekül. Das muß auch so sein, denn die klitzekleinen Speichersäckchen, die Vesikel, können ihn nicht selbst herstellen. Sie wollen aber möglichst viel von ihm horten, damit bei Bedarf viel Glück durchs Nervensystem strömen kann. Der Glücksstoff Noradrenalin entsteht aus Dopamin. Für den Umbau im Stoffwechsel wird als Enzymspender viel Vitamin C benötigt, das reich in frischem Obst und Gemüse enthalten ist. Viele Menschen ab 50 Jahren produzieren nur deshalb so wenig von dem Glücksboten Noradrenalin, weil ihnen Vitamin C fehlt.

Immer dann, wenn wir blitzschnell auf Gefahren reagieren müssen, wenn wir uns begeistern oder kreativ mit etwas beschäftigen, wandeln Gehirn- und Nervenzellen Dopamin in den Euphoriestoff um. Der wird auf dieselbe Weise in den Randbezirken der Zellen ausgeschüttet, über ihn schießen elektronenschnell die Glücksströme kreuz und quer durch unseren Körper. Dies kann geschehen, wenn wir auf der Autobahn eine Schrecksekunde erleben und mit Hilfe von Noradrenalin in allerletzter Sekunde einen Unfall vermeiden. Jeder von uns hat ähnliches erlebt: Wir meistern die Ausnahmesituation in einem rauschhaften, heißen Zustand. Nicht anders verhält es sich, wenn ein zweijähriges Mädchen in fieberhaftem Eifer mit dem Lippenstift ihrer Mami ihr erstes großartiges Gemälde an die Wohnzimmerwand zaubert. Kreativität steht immer unter dem Einfluß von Noradrenalin. Wie wir diesen Glücksbringer in uns selbst produzieren können, lesen Sie etwas später hier in diesem Buch.

Schlaf und Glück durch Serotonin

Auch dieser Nervenreizstoff entsteht aus einer einzigen Aminosäure, nämlich aus Tryptophan. Er wird von speziellen Neuronen im Gehirn synthetisiert – vorwiegend zu dem Zweck, uns unverzagt und guten Mutes zu machen. Der kurze Satz »Ich liebe dich« kann dabei beim Empfänger eine schier astronomische Produktion und Freisetzung von euphorisierenden Serotoninmolekülen bewirken. An den Enden von Milliarden Nervenzellen überträgt Serotonin dann die beglückende Empfindung – und zwar praktisch schlagartig durch den ganzen Körper.

Während »normale« Hormone von Drüsen ans Blutgefäßsystem abgegeben werden und auf diesem Weg ihre Zielzellen erreichen, imponieren Neurotransmitter durch ihr wahnwitziges Übertragungstempo. Das soll auch so sein, spontan-positiver Einsatz in Streßfragen bringt Vorteile. Während etwa die Übermittlung eines Sexualhormonmoleküls aus den Nebennieren übers Blut mehrere Sekunden beansprucht, flitzen freudespendende Serotoninmoleküle in Tausendstel Sekunden von Nervenzelle zu Nervenzelle.

Wie allen Zellen oder Molekülen in unserem Körper hat die Natur auch Serotonin eine spezielle Rolle zugedacht. Unsere kleine Zirbeldrüse fischt die Moleküle gierig auf, speichert sie und macht daraus – wenn es dunkel wird – ihr wundervolles, sanftes Schlafhormon Melatonin, den guten Freund und Verbündeten des Sandmännchens. Tryptophan ist übrigens eine der kleinsten und zerbrechlichsten unter den zwanzig Aminosäuren. Da-

INFO GESUNDHEIT

Glück und gute Laune sind ein Eiweiß-Produkt. Gutgemeinte Ratschläge wie »Freu dich doch endlich mal!« oder »Mach doch kein so trauriges Gesicht!« fruchten nicht bei Menschen, deren Gehirnzellen verkümmert und leer an Neurotransmittern sind.

mit unser Gehirn auch tüchtig Serotoninmoleküle zusammenbasteln kann, müssen wir deshalb auf eine ausreichende Eiweißverwertung achten. Da kann es sinnvoll sein, zu wissen, daß das in Pflanzen enthaltene Eiweiß bis zum 40fachen leichter verwertbar ist als die Proteine in einem Bissen Schweineschnitzel, der in Magen und Darm erst mühsam zersetzt und abgebaut werden muß.

Schachspielen verlangt unserem Gehirn Höchstleistungen ab.

Gehirn-Power durch Acetylcholin

Neben Optimismus ist ein wacher Verstand bekanntermaßen ebenfalls wichtig für die alltägliche Streßbewältigung. Zu diesem Zweck hat die Natur einen weiteren Neurotransmitter entwickelt: Acetylcholin. Dieser Konzentrationsstoff wird in sogenannten cholinergen Nervenendigungen durch ein einziges Enzym blitzschnell synthetisiert und steht dann für die Reizübertragung über das Labyrinth der Nervenzellen hinweg zur Verfügung. Darüber hinaus stimuliert Acetylcholin sämtliche Muskelreflexe im Körper, gemeinsam mit Noradrenalin reguliert das Molekül den Herzschlag.

Wer Schach spielt, Kreuzworträtsel löst oder sich mit anderen kniff-

ligen Situationen herumschlägt, produziert viel Acetylcholin. Als Rohstoff dazu dient das B-Vitamin Cholin, das sich die Nervenzellen aus der extrazellulären Flüssigkeit ansaugen, von der sie umgeben sind. Cholin ist sehr reich in Soja-Lezithin enthalten, in einer Konzentration von bis zu 40 Prozent. Wer unter Gedächtnisschwäche oder Konzentrationsstörungen leidet, dem kann dieses Naturprodukt möglicherweise in kurzer Zeit helfen. Mit der Auffrischung der Gehirnzellen mit Acetylcholin spreizen sich auch neue Dendriten, ihre feinen Verästelungen. Die Leistungsfähigkeit des Gehirns steigt. Acetylcholin ist der Sprinter unter allen Molekülen in unserem Organismus.

Ausgelöst durch ein sogenanntes Aktionspotential, zum Beispiel den Ausruf »Vorsicht!«, vergeht bis zur Ausschüttung des Transmitters in den Spalt zur benachbarten Nervenzelle oft weniger als der fünfte Teil einer Tausendstelsekunde. Dann ist die Botschaft im Gehirn verarbeitet und wir können blitzschnell reagieren.

Ein starkes Duo

Nummer 5 und 6 unserer Glücksstoffe werden nicht im Gehirn oder im Nervensystem produziert, sondern in der Hirnanhangdrüse. Der traut man ihre außerordentliche Arbeitsleistung gar nicht zu, sie ist schließlich nicht größer als ein Kirschkern und wiegt nur ein halbes Gramm. Trotzdem erfüllt sie eine bedeutende Aufgabe in unserem Körper. Über sie laufen praktisch sämtliche hormonellen Regelkreise; vom Hypothalamus, der übergeordneten Gehirndrüse, zu den Drüsen der Geschlechtsorgane, zur Schilddrüse oder auch zu den Nebennieren.

Frühmorgens stellt sie ganz fleißig ein Muttermolekül her, dem Wissenschaftler die wenig reizvolle Bezeichnung Proopiomelanocortin mitgegeben haben. Daraus spalten sich weitere Hormonmoleküle ab: ACTH (adrenocorticotropes Hormon) und Beta-Endorphin. Die beiden sind wie Zwillinge, die eine Doppelaufgabe erfüllen.

ACTH weckt uns auf, im Gefolge davon versetzt uns Beta-Endorphin in einen euphorischen Zustand. So soll es zumindest sein – und so verhält es sich auch bei Tieren in freier Natur.

Man wacht auf und fühlt sich mental bestens gewappnet, freut sich auf den Tagesstreß und fühlt sich überhaupt phantastisch und siegesgewiß.

ACTH und Beta-Endorphin sind ein schlagkräftiges Doppelpack unter den Streßhormonen. Nur synthetisieren leider viele Menschen ab 50 nicht ausreichend davon. Meistens mangelt es weniger an ACTH als an Beta-Endorphin, dem Stoff, der euphorisch stimmt. Man mag hellwach beim Frühstück sitzen, die anstehenden Tagespflichten sorgen aber schon dafür, daß der Kaffee nicht so richtig schmeckt, daß man den Tag wenig hoffnungsvoll und freudig beginnt. Verantwortlich ist möglicherweise in diesem Fall eine schlecht genährte Hirnanhangdrüse. Sie braucht die im ganzen Körper höchsten Vitamin-C-Konzentrationen, um ihre Gewaltleistung zu vollbringen: die unablässige Produktion von insgesamt acht Hormonen, Tag und Nacht, Jahr für Jahr, ein ganzes Leben lang.

Jung & schlank durch Wachstumshormon

Am meisten freuen sich unsere 70 Billionen Körperzellen, wenn abends das Licht gelöscht wird und sich ihr Besitzer ins Bett begibt. Dann wissen sie nämlich genau: Es dauert noch etwa 70 Minuten, dann liefert das Blut viel Wachstumshormon aus der Hirnanhangdrüse. Diese Hormonmoleküle verfügen über winzige goldene Schlüsselchen, mit denen sie Fettzellen öffnen und Triglyzeride aus den Speckpolstern befreien. Diese Fettmoleküle werden dann in den Zellen zu Energie verbrannt, die für die Reparatur und Verjüngung des Gewebes benötigt wird.

Das Wachstumshormon ist der bedeutende Schlank- und Jungmacher der Natur. Ihm verdanken es alle Tiere in freier Natur und auch unsere Kinder, daß sie morgens schlank und energiegeladen aufwachen – ein echtes Glückshormon also. Morgens vor dem Badezimmerspiegel sehen wir meist jünger und erholt aus. Die Gesichtshaut ist glatter, Hals- und Brustge-

webe straffer, der Bauch flacher. Dies alles ist ein Verdienst der fleißigen nächtlichen Tätigkeit von Hirnanhangdrüse und Billiarden Wachstumshormonmolekülen.

So mir nichts, dir nichts synthetisiert die Mini-Drüse derlei Riesenmengen an Hormonen nicht. Zumal das Wachstumshormon das größte und sperrigste unter allen seinen Geschwistern ist, es besteht nämlich aus sage und schreibe 189 Aminosäuren. So viele Eiweißbausteine muß die tüchtige Drüse also in Eile zusammenknüpfen, um nur ein einziges Molekül herzustellen. Unerläßliche Rohstoffe sind Eiweiß und Vitamin C. Mit zunehmendem Alter produzieren Menschen immer weniger Wachstumshormon, wenn sie sich nicht gesund ernähren. Wie man schon über Nacht die Produktion in Schwung bringt, lesen Sie jetzt.

Optimismus aus Biostoffen

Rätselhaft bleibt unseren Wissenschaftlern immer noch, wie ein Gedanke im Gehirn eine chemische Reaktion auslösen kann. Alle ihre Geheimnisse gibt die Natur also doch nicht preis. Eines aber ist klar: Ein Anblick, eine Berührung, ein Wort, eine Vorstellung von irgend etwas wird im Zwischenhirn und anderen Hirnregionen von Hormonstoffen in chemische Signale umgesetzt. So mag Mutlosigkeit entstehen, aber auch Glück, Sehnsucht, Begierden, Hoffnung oder Begeisterung.

Aus abstrakten Einflüssen wie Gerüchen, Berührungen, Geschmack, Klängen oder Sehreizen kann das Gehirn unmöglich eine Emotion zusammenbasteln. Glück entsteht immer aus ganz banalen Rohstoffen wie zum Beispiel Eiweißbausteinen, die freilich mit Hilfe einer ganzen Armee von Dienstleistern synthetisiert werden: Vitamine, Mineralien, Spurenelemente, Fettsäuren, Kohlenhydrate oder auch Wasser. Ohne diese ist die beste Aminosäure im Stoffwechsel hilflos. Fast immer sind es Eiweißbausteine und Enzyme, aus denen ein positives Lebensgefühl entsteht.

SELBSTTEST

Fehlen mir Glückshormone?

Beantworten Sie bitte alle Fragen ganz ehrlich und kreuzen Sie jeweils »ja« oder »nein« an.

Kriechen Sie morgens meistens ungern aus dem Bett? ☐ ja ☐ nein

Greifen Sie oft automatisch zu Süßem, zum Beispiel zu Schokolade? ☐ ja ☐ nein

Sind Sie am späten Vormittag oder Nachmittag oft müde? ☐ ja ☐ nein

Sind Sie lärmempfindlich, zum Beispiel gegen laute Musik, Kindergeschrei? ☐ ja ☐ nein

Sind Sie gerne allein? Meiden Sie instinktiv die Gesellschaft anderer? ☐ ja ☐ nein

Haben Sie das Verlangen, ein ganz anderes Leben zu beginnen? Weitab von Ihrem jetzigen Zuhause? ☐ ja ☐ nein

Fühlen Sie sich älter, als Sie eigentlich sind? ☐ ja ☐ nein

Empfinden Sie Ihren Alltagsstreß als Belastung? ☐ ja ☐ nein

Haben Sie mehr als fünf Kilo Übergewicht? ☐ ja ☐ nein

Sind Sie ein Sportmuffel? Sind Joggen, Radfahren, Schwimmen usw. für Sie ein Greuel? ☐ ja ☐ nein

Wenn es aber an Rohstoffen mangelt – und an denen hapert es vor allem bei vielen älteren Menschen – kann man sich überhaupt nicht mehr so richtig freuen oder begeistern.

Vergleichen läßt sich dies mit einem ganz simplen Beispiel aus der Natur. Die zarten bunten Blütenblätter einer Blume entstehen ebenfalls aus Rohstoffen, die sich die Pflanze über ihr feines Wurzelwerk aus dem Erdreich holt. Nicht nur ein gesunder Körper, sondern auch ein froher und zuversichtlicher Geist ist Produkt aus Nährstoffen. Wenn wir uns über längere Zeit ungesund ernähren, also vitamin- und nährstoffarm essen und trinken, stirbt der von der Natur so liebevoll eingerichtete Mechanismus der Glücksproduktion nach und nach ab. Was bleibt, sind Unlust, Verzagtheit, eine stete innere Unruhe, Pessimismus, defensives Streßverhalten, depressive Verstimmungen und Angstzustände.

Auswertung Selbsttest

Wenn Sie nur eine oder zwei Fragen mit Ja beantworten, brauchen Sie sich um Ihre körpereigene Produktion von Glücksstoff-Hormonen keine Sorgen zu machen. Bei drei bis fünf bejahenden Antworten arbeiten Ihre kleinen Glückswerkstätten nur mit halber Kraft. Höchste Zeit, Ihre Ernährung, Ihre Lebensgewohnheiten zu verändern.

Wenn Sie sechs- bis achtmal Ja angekreuzt haben, brauchen Sie sich über einen Mangel an Lebensfreude nicht zu wundern. Ihre Gehirn-, Nerven- und psychoaktiven Drüsenzellen sind vorzeitig gealtert, deren Zellstoffwechsel dümpelt gerade mal so dahin, daß Sie einigermaßen über den Tag kommen. Von Alltagsvergnügen und Spaß am Streß ist wenig zu spüren.

Wenn Sie gar neun- oder zehnmal mit Ja geantwortet haben, befinden Sie sich in einer akuten Krise. Die gute Botschaft: Wenn Sie konsequent den Tipps in diesem Ratgeberbuch folgen, können Sie schon in kurzer Zeit Ihren allgemeinen seelischen Zustand verbessern. Alle Ihre Emotionen werden dann positiver ausgeprägt, Sie gewinnen Optimismus und eine neue Daseinsfreude.

GEHIRN UND NERVEN –
Wo unser Glück zu Hause ist

Jeder Mensch besitzt die genetischen Anlagen für Glück, Optimismus und Lebensfreude. Entdecken Sie das spannende und faszinierende biochemische Geheimnis unserer Glückshormone und erfahren Sie, wie und wo das Glück in unserem Körper entsteht.

»

Optimismus als Lebensretter

Wenn wir heute die Artenvielfalt auf Erden betrachten, mit über 300 000 verschiedenen Pflanzenarten und Zehntausenden Tiergattungen, dann sind wir voller Bewunderung. Leicht hatte es die Natur indes nicht, dies alles zu erschaffen. Sie hat sich auch Zeit genommen – immerhin rund vier Milliarden Jahre. Unsere unmittelbaren Vorfahren sind zwar ausgestorben, aber mit den Schimpansen – unseren nächsten Verwandten – deckt sich die genetische Struktur in unserem Erbmaterial zu 98 Prozent. Interessantes Beispiel: Unsere Gänsehaut, die wir bei Kälte oder einem jähen Schrekken entwickeln, ist nichts anderes als ein Relikt aus jener fernen Zeit, als sich bei den Menschenaffen das Fell sträubte. Die Fellhaare haben wir im Laufe der Evolution verloren, das Erbgut dafür ist immer noch in uns enthalten.

Uns so ist es auch mit vielen anderen Reflexen, die wir an uns noch heute bemerken – sei es der Fluchtreflex bei drohender Gefahr oder der schlagartig ansteigende Adrenalinspiegel.

Alles an unserem Körper ist von der Natur wohlerdacht und lebenswichtig. Nicht anders als jede noch so winzige Einzelheit einer Pflanze oder eines Insekts. Keine Zelle zuviel, keine zuwenig – an Sparsamkeit und Effizienz ist und bleibt die Natur unübertroffen. Die Anzahl der Zellmoleküle, die sie im Laufe der Jahrmilliarden hervorgebracht hat, grenzt ans Unendliche. Doch kein einziges dieser Kleinstteilchen war Zufalls- oder Gelegenheitsprodukt. Jedes einzelne war geplant und jeweils notwendig.

So hat uns die Natur auch Arme wachsen lassen, damit wir Knollen ausgraben oder Früchte pflücken können, Beine, damit wir vor Feinden davonlaufen können. Augen, damit wir Gefahren oder Nahrung erkennen, einen Herzmuskel, der unseren ganzen Organismus am Leben erhält.

Als bedeutendstes Geschenk aber hat sie uns mit Optimismus versorgt, der für die Bewältigung des Alltags von jeher unerläßlich ist. Antriebskraft für die Selbstbehauptung auch in schwierigen Lebenslagen, Triebfeder bei Partnersuche oder Existenzfindung, Instrument für Kampf, Flucht oder Jagd. Optimismus ist genetisch unauslöschlich in jedem von uns eingemeißelt. Die Gene dafür stecken selbst in unglücklichen, verzweifelten, ängstlichen oder verzagten Menschen. Sie sind ja nicht einfach aus unseren Gehirn- und Nervenzellen gelöscht, getilgt worden. Sie sind immer noch da. Sie müssen lediglich geweckt werden. Jeder Mensch hat ein genetisches Anrecht auf Glück, Optimismus und Daseinsfreude.

Wissenswertes über unseren Körper

Wir Menschen bestehen zu rund 60 Prozent aus Wasser. Unsere rund 70 Billionen Zellen sind üppig vollgepumpt mit Wasser: Knochen zu rund 22 Prozent, Bindegewebe zur Hälfte, die Leber bis zu 70 Prozent, das Gehirn zu 74 Prozent, Knorpel zu 80 Prozent, Nieren zu 82 Prozent, und sogar unsere Fettzellen enthalten bis zu zehn Prozent Wasser. Wasser ist unser wichtigster Nährstoff.

Ein 70 Kilogramm schwerer, gesunder Mann verfügt – wenn er einigermaßen trainiert ist – über rund 29 Kilogramm an Muskelmasse, die wiederum zu 30 Prozent aus Eiweiß besteht. Unser Skelett besteht aus 245 einzelnen Knochen, die beim Erwachsenen insgesamt rund fünf Kilogramm ausmachen. Das Blut hat einen Anteil von etwa acht Prozent am Körpergewicht – das macht beim Erwachsenen etwa fünfeinhalb Liter aus. Die Haut hat eine Gesamtfläche von rund zwei Quadratmetern und wiegt rund drei Kilogramm.

Rund 100 Milliarden Zellen stehen unserem Nervensystem für seinen umfangreichen Job zur Verfügung. Dieses System wird unterteilt in das sogenannte animale – das wir willkürlich beherrschen, so etwa, wenn wir einen Gegenstand ergreifen, etwas bewußt mit dem Blick erfassen, oder wenn wir einen Schritt vor den anderen setzen – und in das sogenannte vegetative Nervensystem, auf das wir keinen Einfluß haben. Dies ist auch gut so, denn Herzschlag, Magen-Darmtätigkeit, Hormonsekretion und andere Mechanismen in unserem Körper müssen selbsttätig funktionieren. So ist sichergestellt, daß sie unserem Willen entzogen sind und wir sie nicht durch bewußtes Fehlverhalten beeinträchtigen.

Die wichtigsten Organe in unserem Innern sind Herz, Leber, Lunge und Nieren. Das allerwichtigste aber ist das Gehirn, das unseren Organismus kontrolliert, uns lebensfähig erhält und uns Lebensfreude schenkt.

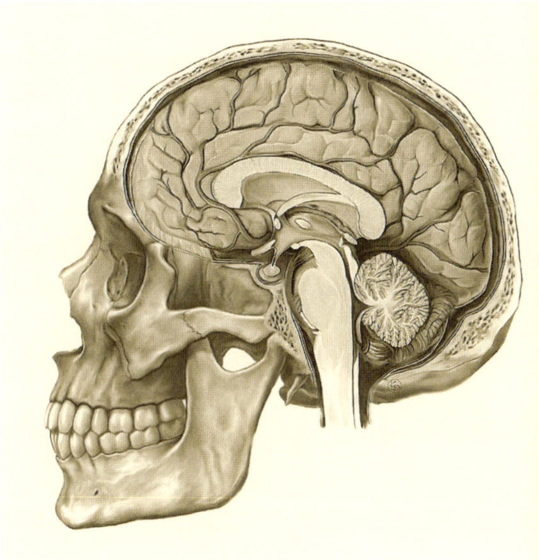

Nicht das Gewicht der Gehirnmasse ist ausschlaggebend für die Intelligenz, sondern seine Fältelung, das heißt seine Struktur.

Unser Gehirn: Das Beste aus der Werkstatt der Natur

Dieses Hauptquartier unseres Fühlens und Denkens wiegt etwa 1500 Gramm und besteht aus 100 Milliarden Neuronen (Nervenzellen) sowie mindestens einer Billion sogenannter Glia-Zellen, dem Hüll- und Stützgewebe, das die Neuronen versorgt und das mit ihnen in der Hirnflüssigkeit eingebettet ist. Diese Flüssigkeit transportiert Nährstoffe, Sauerstoff, Kohlendioxid und Abfallstoffe, durch sie hindurch springen positive Empfindungen von Neuron zu Neuron. Das Gehirn ist durch die Blut-Hirn-Schranke wie eine Festung gegen den Eintritt von Fremdkörpern oder Krankheitserregern gesichert. Die versorgenden feinen Blutgefäße sind extrem dicht und mit sehr engen Poren versehen. Anders als im übrigen Körpergewebe gibt es also keinen freien Austausch zwischen den im Blut zirkulierenden Molekülen und Nährstoffen und der die Nervenzellen umgebenden Flüssigkeit. Das Gehirn reguliert seinen Stoffwechsel also rigoros selbst, abgeschottet von seiner Umwelt. Ausnahmen bilden fettlösliche Substanzen wie Alkohol oder Nikotin, die die Blut-Hirn-Schranke ungehindert passieren können. Das Gehirn, das vollendete Produkt der biologischen Entwicklung, kann sich gegen solche schädlichen Eindringlinge nicht wehren.

EMPFEHLUNG

Manche Männer oder Frauen werden Tag für Tag dermaßen mit Problemen, Pflichten und Sorgen bombardiert, daß ihr »Nerven-Kostüm« dem nicht mehr standhalten kann.
Da gibt es nur eine Lösung:

Terminhektik abbauen,
öfter entspannen,
mehr Ruhe und Schlaf.

»Leicht gesagt«, lautet da oft die Antwort. Doch im Schlußkapitel dieses Ratgebers, »Body & Mind«, erfahren Sie, wie es funktioniert.

Vielseitiges Gehirn

Wir haben unsere sinnlichen Eindrücke wie Sehen, Riechen oder Tasten, außerdem beschäftigen uns unablässig unsere Gedanken. Dementsprechend muß das Gehirn sehr vielseitig sein, um alle diese Wahrnehmungen zu koordinieren und sinnvoll zu verwenden. Für das Bombardement an Empfindungen aller Art reicht das Nervensystem beispielsweise eines Regenwurms nicht aus. Also ist unser Gehirn in Abteilungen und Bereiche gegliedert, die jeweils unterschiedliche Aufgaben betreuen. So etwa die Atmung, das Verwerten von Sehimpulsen, die Koordination der Muskelbewegungen, des Herzschlags, von Hormonproduktion, Appetit, Körpertemperatur oder sexuellem Verlangen. Die Botschaft guter Laune oder Begeisterung aber verläuft jeweils von Neuron zu Neuron. Nach einem perfekten Prinzip, das in der Tier- und Menschenwelt seit Hunderten Millionen Jahren unverändert geblieben ist.

Großstadt Körperzelle

Jede einzelne unserer rund 70 Billionen Körperzellen ist ein höchst kompliziertes Gebilde aus mehreren Millionen Einzelteilen, vergleichbar etwa einer betriebsamen Großstadt. Da gibt es viele Tausende molekülkleiner Werkstätten, in denen aus Eiweißbausteinen Zellproteine zusammengeknüpft werden, oder viele sogenannte Mitochondrien, Brennkammern, in denen Glukose oder Fett zu Zellenergie verbrannt werden. Außerdem gibt es in jeder winzigen Zelle unzählige Müllentsorgungsstationen, Immunpolizisten, Kontrollmoleküle, die in jeder Sekunde den Bestand an Nährstoffen registrieren, und Rezeptoren, die an den Zellwänden dafür sorgen, daß keine schädlichen Fremdkörper in das große wässrige Zellinnere eindringen, sondern ausschließlich Biostoffe, die dem Zellstoffwechsel auch wirklich nützen.

Das Ganze ist schließlich durchzogen von einem reichen Labyrinth aus Straßen und Wasserkanälchen, in denen Nährstoffe und Abfall transportiert werden. Im Vergleich zum gigantischen Transportwegenetz einer einzelnen Körperzelle sieht der Stadtplan einer beliebigen Großstadt mit seiner Ansammlung von Straßen recht kümmerlich aus.

Zellen sind Spezialisten

Die Betriebsamkeit der Zelle dient dazu, jeweils eine bestimmte Aufgabe zu erfüllen. Zum Beispiel als Bestandteil eines Muskelpakets, für die Produktion von Tränenflüssigkeit, als Teil des Kontrollsystems für Wärme- oder Wasserhaushalt des Körpers, oder als winziger Antriebsmotor für das Haarwachstum oder die Synthese des Hautbräunungsstoffs Melanin. Zellen sind demnach hochspezialisiert, meistern ihre jeweilige Aufgabe in perfekter Präzision.

Normale Körperzellen in Muskeln, Knochen, Bindegewebe usw. unterscheiden sich jedoch wesentlich von Nervenzellen. Deren Job

GUT ZU WISSEN

Für Katzen ist es ein aufregendes Abenteuer, über ein Stoppelfeld zu streifen und nach Mäusen oder Maulwürfen Ausschau zu halten. Tiere leben instinktiv und intensiv – dies können wir von ihnen lernen.

ist es, Signalreize, zum Beispiel für Jubel und Spaß, weiterzuleiten. Und weil dies jeweils von Neuron zu Neuron geschieht, müssen diese Reizsignale an Nervenendungen zu benachbarten Nervenzellen gesendet werden. Bildlich gesprochen: von einer Küste über einen schmalen Spalt, der sogenannten Synapse, zur gegenüberliegenden Nervenzelle.

Um bei einer solchen bildhaften Vorstellung zu bleiben: Sie ist bestückt mit Leuchttürmen, die Nervenreize ausstrahlen, die von Empfangsstationen jenseits des Kanals aufgenommen und weitergefunkt werden. Dies vollzieht sich in Netzwerken unvorstellbaren Ausmaßes. Manche Neuronen, zum Beispiel die sogenannten Purkinje-Zellen, erhalten Signale über mehr als 200 000 Synapsen hinweg, aus Verästelungen, den Dendriten, benachbarter Nervenzellen. So potenziert sich ein Wort, eine Liebkosung, ein Blick zu einer astronomischen Summe an Einzelsignalen, die wie eine honigsüße Flut durch uns hindurchschießen, beglückend und berauschend. Im Grenzbereich der Neuronen vollzieht sich das Wunder von Liebe und Glück.

Neuronen spenden Glück

Nervenzellen, oder Neuronen, transformieren Sinnes- und Gedankenreize in elektrische Signale oder Nervenimpulse, die sogenannten Aktionspotentiale. Sie verwerten derlei Signale und kommunizieren auf eine äußerst sensible Weise mit anderen Neuronen. Neuronen können sehr unterschiedlich ausschauen und haben ihre speziellen Eigenschaften. Doch alle verfügen über vier Merkmale:

1) Antennen (die Dendriten), um Nachrichten zu empfangen,
2) Verbindungsstränge (die Axone), um Botschaften weiterzuleiten,
3) Nervenenden (das Terminal am

synaptischen Spalt), über die das Netzwerk der Kommunikation funktioniert, und
4) einen Zellstoffwechsel, der diese drei wichtigen Besonderheiten am Leben erhält.

Die Dendriten sind kurz, aber weitverzweigt, sie vermitteln dem Neuron eine beträchtliche Gesamtoberfläche, können auf diese Weise viele Botschaften von anderen Nervenzellen empfangen oder weiterfunken. Die Axone wirken wie Leitungskabel, sie transportieren oft gleichzeitig unterschiedliche Botschaften wie Schmerz, Hitze oder Kälte. Unser Glücksempfinden entsteht im synaptischen Terminal oder Bahnhof am Ende eines solchen Axons. Hier kommunizieren Neuronen miteinander, auf chemischem oder elektrischem Weg, im Gehirn ebenso wie beispielsweise in unseren Muskeln. Diese Nervenbahnhöfe sind – wenn wir uns gesund ernähren und verhalten – extrem reich an Neurotransmittern, die Glücksreize übertragen.

Optimismus, Lebensfreude und positive Stimmungen sind vollkommen abhängig von der Gesundheit der Neuronen und der Konzentration an Nervenreizstoffen.

Wenn Nerven telefonieren

Die Hauptaufgabe der Nerven ist es, Signale zu übertragen. Wenn wir uns über einen Lottogewinn freuen wollen, muß dies also über ein Netzwerk von Neuronen in Form von Signalen vermittelt werden. Weil zum Beispiel die Übertragung von Gefahrensignalen wichtiger ist und schneller vonstatten gehen muß als die Reaktion auf einen kalten Regenschauer, hat die Natur bei der Reizübertragung verschiedene Modelle entwickelt:

- Drüsen schütten Hormone aus, die über das Labyrinth der Blutgefäße ihre Zielzellen erreichen. So etwas vollzieht sich etwa beim allmählichen morgendlichen Erwachen. Immerhin benötigt das Blut rund acht Sekunden, um ein Hormon nach dem Austritt aus einer Drüse bis unter die Haarspitzen oder bis zum großen Zeh zu transportieren.

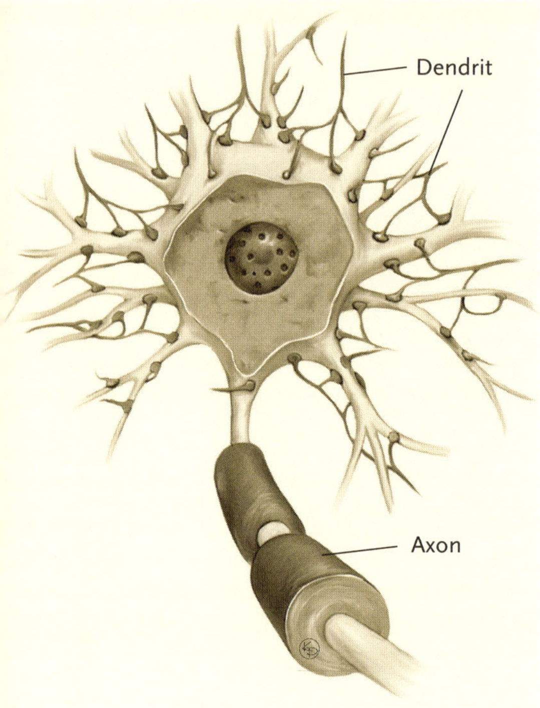

Eine Nervenzelle mit den Antennen (Dendriten) und dem Verbindungsstrang (Axon).

- Nervenimpulse werden auf elektrischem Weg von Neuron zu Neuron übertragen. Dabei schmiegen sich nach einem Aktionspotential Nervenzellen aneinander, und das Signal schlüpft geschwind über feinste Ionen-Kanälchen zum Nachbar-Neuron hinüber. Die dafür notwendige Energie wird durch das Spannungsverhältnis der Mineralien Natrium und Kalium, die sogenannte Natrium-Kalium-Pumpe, an der Schutzmembran der Neuronen erzeugt. Diese Übertragung funktioniert rasend schnell, etwa zwischen Zellen im Herzmuskel.
- Nicht ganz so hurtig, aber trotzdem noch blitzschnell, werden Gefühle von Nervenzelle zu Nervenzelle übermittelt, und zwar über chemische Synapsen. Wenn wir also den Urlaub planen und in euphorischer Vorfreude die farbenprächtigen Prospektfotos aus dem Malediven-Katalog studieren, telefonieren Nerven ebenfalls miteinander. Dabei werden elektrische Signale in chemische Boten, Neurotransmitter, umgewandelt, die den engen, zähklebrig angefüllten Synapsen-Spalt zum Nachbarn überwinden. Dort werden sie wieder in elektrische Signale zurückverwandelt – und so entsteht kreuz und quer durchs Nervensystem die richtige Vorfreude auf den Urlaub.

Die meisten Glückshormone sind solche Neurotransmitter. Der Umbau vom elektrischen in ein chemisches Signal und zurück mag kompliziert erscheinen. Die Natur hat

GUT ZU WISSEN

Glück entsteht aus Biostoffen

- In der Natur, in naturbelassenen Lebensmitteln, stecken viele potente Biostoffe, wie zum Beispiel Eiweiß oder Vitamine. Im Laufe der biologischen Evolution hat sich der Stoffwechsel kleiner und großer Tiere sowie auch der von uns Menschen der Verwertung dieser Nährstoffe bedient, um einen Körper und auch eine Psyche aufzubauen.

- Auch für die Produktion von Glückshormonen werden sämtliche Biostoffe benötigt, also alle Vitamine, Mineralstoffe, Eiweißbausteine usw. Trotzdem sind es ganz bestimmte Atome und Moleküle, die in unseren Gute-Laune-Fabriken als Rohstoff verarbeitet werden.

- Auf diese Nährstoffe warten unsere Gehirn- und Nervenzellen sehnsüchtig – und leider oft vergeblich. Es sind Wasser, Sauerstoff, mehrfach ungesättigte Fettsäuren, Glukose (der Blutzucker), die Vitamine Cholin, Folsäure, B_6 und C, die Spurenelemente Zink, Mangan und Kupfer sowie die Aminosäuren (Eiweißbausteine) Phenylalanin, Tyrosin und Tryptophan.

- Das Gehirn eines lebenden Menschen darf aus ethischen und gesundheitlichen Gründen nicht untersucht werden, dafür aber Hirnflüssigkeit und Blut. Aus entsprechenden Analysen und aus der Autopsie vom Gewebe verstorbener Menschen gewinnen Neurophysiologen konkrete Rückschlüsse darauf, was psychisch kranken Männern und Frauen fehlt.

- Sie sind immer wieder bestürzt darüber, wie verkümmert deren Gehirn- und Nervenzellen sind. Dabei lassen sich mit dem Ersatz fehlender Hirnnährstoffe die schwarzen Schatten mentaler Defizite bei ansonsten geistig gesunden Menschen oft leicht verscheuchen.

damit aber ein Instrument entwickelt, das eine reichere Vielfalt an Nervenreizen ermöglicht. Der elektrische Stimulus zwischen Muskelzellen ist einseitig, die enorme Fülle menschlicher Empfindungen zwischen tiefster Depression und überschwenglichem Jubel erfordert eine größere Bandbreite an Transmittersignalen.

Warum Menschen deprimiert und traurig sind

Wie alle anderen Stoffwechselvorgänge in unserem Körper erfordert auch die Produktion von Glück Energie. Freude besteht ja nicht einfach aus Gedanken, die abstrakt und ohne Energieaufwand hin und her fliegen. Um eine einzige Sekunde guter Laune zu produzieren, benötigt der Gehirn- und Nervenstoffwechsel Nährstoffe.

Menschen, die niedergeschlagen und mutlos sind, fehlen immer einer oder mehrere jener Substanzen, aus denen unser Stoffwechsel Lebensfreude synthetisiert und mit deren Hilfe er Glücksbotschaften im Körper verbreitet. Die gute Nachricht: Wenn Gehirn- und Nervenzellen mit dem fehlenden Biomaterial aufgefrischt werden, schwinden Verzagtheit und Angstzustände und neue Zuversicht macht sich breit.

Wir machen ja täglich die Erfahrung: Mal fühlen wir uns schlecht, schon wenig später sind wir mental wieder prima drauf. Stimmungsschwankungen entsprechen stets präzise dem Auf und Ab bei der Versorgung von Gehirn und Nerven mit psychoaktiven Stoffen.

Synapsen: Wo das Glück zu Hause ist

Durch ein Elektronenmikroskop betrachtet, sieht die Heimat unserer positiven Empfindungen faszinierend aus. Eigentlich schon atemberaubend, wie einfach Glück funktioniert. Da gibt es die Nerven-Terminals, die Bahnhöfe, die jeweils den Bahnhöfen der benachbarten Nervenzelle gegenüberliegen. Genau in diesem Grenzbereich sammeln sich die mit Glückshor-

monen prall angefüllten Säckchen, die sogenannten Vesikel. Da, wo die Terminals dicht aneinandergrenzen, sind sie vollgestopft mit winzigen Gute-Laune-Behältern.

Dies ist der Grenzbereich, den Psychobiologen als aktive Zone bezeichnen. Bei unseren Kindern sind diese Glücksdepots extrem üppig mit Neurotransmittern angefüllt, die kleinen Vesikel platzen nahezu schon in Vorfreude, irgendeine tolle Botschaft zu allen Nachbarzellen hinüberzufunken. Deshalb freuen sich Kinder so sehr, sind sie so schnell begeistert, nehmen so intensiv am Leben teil, sind stets so unternehmungslustig.

Paradies der Mitochondrien

Die Reizübertragung kreuz und quer durchs Nervensystem erfordert außerordentlich viel Energie. Die Natur weiß auch dies ganz genau, deshalb hat sie die Nervenbahnhöfe und ihre aktiven Zonen auch besonders reich mit Mitochondrien ausgestattet, den bakterien-

INFO GESUNDHEIT

Lesen wir nicht immer wieder von einem gut durchbluteten und reichlich mit Sauerstoff versorgten Gehirn? Dies funktioniert nur mit einem Reichtum an Mitochondrien. Ein Dauerlauf im Wald sorgt dafür, daß sich diese Energiebrennkammern massiv vermehren, daß sie größer und leistungsfähiger werden. Wenn wir dann daheim die Laufschuhe ausziehen, ist unsere Denkfabrik phantastisch durchblutet.

kleinen Brennkammern, in denen der Blutzucker zu Energie verheizt wird.

Bei einem gesunden, gutgenährten Menschen quetschen sich nun mitten in das Gedränge der Glücks-Vesikel auch noch Milliarden und Abermilliarden solcher Mitochondrien. Wenn die nicht wären, könnten die glückspendenden Neurotransmitter gar nicht aus den Säckchen entleert und zu Nachbarzellen befördert werden. Immer wieder begegnen wir frohen Zeitgenossen, die das Leben optimistisch meistern. Deren Nerven-Terminals sind stets proppevoll mit Neurotransmittern und Mitochondrien. Je glücklicher, kreativer und begeisterungsfähiger ein Mensch ist, desto mehr Neurotransmitter speichert er in Nervenenden. Und desto zahlreicher, größer und damit leistungsfähiger sind seine Energiebrennkammern.

Wenn die Glücksfabrik auf Hochtouren läuft

Nervenzellen erhalten zwar Signalbotschaften innerhalb tausendstel Sekunden. Die normale Stoffwechselkommunikation in Zellen und Gewebe ist jedoch träge. Deshalb setzen Neuronen auf ein eigenes System der Reizübertragung, sie produzieren die dafür nötige Energie und Neurotransmitter selbst, speichern Enzyme und Transportproteine und lagern Rohmaterial in größeren Depots im Innern der Zelle.

Elektronenschnelle Nervensignale sind nur dann möglich, wenn die synaptischen Säckchen schön vollgestopft mit Neurotransmittern sind. Das Ausschütten dieser Glücksbringer in den Spalt zu Nachbarneuronen nennen Wissenschaftler Exocytose. Sie geht in atemberaubendem Tempo vor sich. Während Drüsenhormone Sekunden oder Sekundenbruchteile für ihre Freisetzung benötigen, schießen Neurotransmitter binnen tausendstel Sekunden, oder gar nur einer fünftausendstel Sekunde aus ihren Depotsäckchen. Dies geschieht etwa, wenn wir in der Menschenmenge in einer Fußgängerzone plötzlich das Gesicht einer geliebten Person wahrnehmen.

Die Masse der ausgeschütteten Transmitter und die Energie, die zur Verfügung steht, entscheiden dann über das Maß an Jubel. Bei Defiziten ist die Freude nur mäßig, bei üppig genährten Hirn- und Nervenzellen dafür riesengroß. Es kann geschehen, daß Neuronen am Vormittag noch bestens ausgestattet sind, am frühen Nachmittag hingegen nur noch dürftig – oder umgekehrt.

Die Voraussetzungen, Glück zu empfinden, sind also nicht unbedingt zu jeder Tageszeit gleich. Ver-

INFO GESUNDHEIT

Was von der Natur in vielen hundert Millionen Jahren entwickelt wurde, kann von der Pharma-Industrie nicht verbessert werden. Die Devise »Ich bleib' bei meiner Curry-Wurst mit Pommes und Limo – und nehme dafür Psycho-Pillen« hilft nicht. Die Natur ist immer stärker. Sie ist gütig – aber auch streng. Wer sich ihren Gesetzen nicht beugt, wird unglücklich – und leider manchmal auch krank.

brauchte Transmitter müssen schließlich wieder ersetzt werden. Ein Vorgang, den sich die Pharmaindustrie zunutze macht, mit Monoamino-Oxidase-Hemmern (MAO) oder Wiederaufnahmehemmern (lesen Sie darüber später noch mehr). Entscheidenden Anteil hat die Konzentration an Blutzucker. Denn diese im Blut zirkulierende Glukose ist praktisch die einzige Energienahrung, mit der Gehirn- und Nervenzellen etwas anfangen können.

Blutzucker: Die Sofortenergie

Wenn wir am Gasherd, an einem Schweißbrenner oder einem Butan-Brenner das ausströmende Gas entzünden, schießt die Flamme sofort hoch. Energie wird in einer Stichflamme freigesetzt und verbraucht. Anders ist es, wenn wir Kohlen oder Briketts im Kachelofen verheizen. Die brennen gemütlich dahin und liefern anhaltend gleichbleibend Energie.

Unsere Gehirn- und Nervenzellen benötigen Sofortenergie in Form von Blutzuckermolekülen. Die andere Hauptenergiequelle, Triglyzeride aus Fettdepots, wäre ein zu gemächlicher Power-Lieferant, um jähe Stimmungen, Reaktionen oder spontane kreative Kraft zu entfachen.

Deshalb muß sich unser Blutzuckerspiegel stets in einem gesunden sogenannten Referenzbereich bewegen – zwischen 85 und 105 Milligramm Blutzucker pro Deziliter Blut.

Viele Menschen können sich

nur deshalb nicht so richtig freuen, weil ihnen Blutzucker fehlt. Ein entsprechendes Defizit an Blutglukose führt dazu, daß Neuronen ihre Transmittersäckchen und Mitochondrien abbauen. Dies kann innerhalb von Minuten oder gar Sekunden geschehen.

Ist ja auch ganz klar: Die Natur ist ökonomisch sparsam, auch in unserem Organismus. Wenn Bizepsmuskeln nicht beansprucht werden, werden sie abgebaut. Wenn die Darmschleimhaut nicht durch gesunde Nahrung gefordert wird, dünnt sie aus und verhornt.

Nicht anders verhält es sich in unserer Gefühlswelt. Ohne Blutzucker, aber auch ohne all die anderen für den Transmitteralltag benötigten Biostoffe, dümpeln und sterben unsere Empfindungen so allmählich dahin. Sie kehren sich vom Positiven ins Negative – in Trübsal und Angst. Anhedonie – so nennen Psychobiologen dieses Symptom, welches bei verschiedenen psychischen Störungen auftreten kann und von dem zahlreiche Menschen betroffen sind. Auch darüber lesen Sie anschließend noch mehr.

Die Fähigkeit, Freude zu empfinden, muß stets dauerhaft sein, sich immer wieder regenerieren. Nach kurzen Phasen glückseliger Erschöpfung entsteht dann neue Daseinsfreude.

Immer wieder neue Lebensfreude

Nachdem Neurotransmitter wie Dopamin, Noradrenalin, Serotonin oder Acetylcholin ausgeschüttet worden sind, nachdem sie also ihr Glückspotential gespendet haben, werden ihre kostbaren Überreste nicht einfach so über Hirnflüssigkeit oder Blut weggetragen. Sondern sie werden in nahezu irrsinnig hoher Geschwindigkeit aus dem synaptischen Spalt zwischen zwei Neuronen gerettet, entweder durch Enzyme oder durch Wiederaufnahme in das Nerven-Terminal bzw. die umgebenden Glia-Zellen, die Versorgungszellen des Gehirns.

Die Neurotransmitter werden erneut in Säckchen gelagert und bei Bedarf wieder ausgeschüttet – etwa, wenn gleich ein zweiter Anlaß für Spaß und Frohmut folgt. Bei üppig ausgestatteten Neuronen werden bis zur Hälfte der verwen-

deten Glückspender wieder eingesammelt und deponiert. Auch die Eiweißbestandteile der Vesikel, also die feine Haut der Lagersäckchen, werden aufgesaugt und erneut für den Aufbau neuer Vesikel verwendet. Die Natur ist also in jeder Beziehung bemüht, uns dauerhaft mit Lebensglück zu versorgen. Wir müssen ihr dabei nur helfen.

Freilich schwindet bei Dauerstimulation die Fähigkeit, Jubel und Begeisterung zu empfinden – auch dies ein ganz natürlicher biochemischer Vorgang. Kein Mensch kann stundenlang über den gleichen Witz lachen. Doch an die Stelle von Freudentaumel und Lachsalven tritt dann ein Zustand innerer Heiterkeit und vergnüglicher Gelassenheit.

GUT ZU WISSEN

Das Geheimnis der Neurotransmitter haben Wissenschaftler erst jetzt so richtig gelöst – seit es High-Tech-Analysegeräte gibt, die völlig neue Einblicke in unser Seelenleben ermöglichen. Oft fehlt einem melancholischen, pessimistischen Menschen nur wenig, um Psycho-Power zu tanken und mehr Lebensfreude zu entwickeln.

Wie Glücksboten entstehen

Manchmal braucht unser Stoffwechsel recht lange, um Ketten chemischer Reaktionen abzuwickeln, wie etwa beim Aufbau neuer Muskelmasse. Neurotransmitter zählen aber zu den Lieblingen der Natur und werden blitzschnell hergestellt. In Neuronen entsteht zunächst aus dem Eiweißbaustein Phenylalanin eine weitere Aminosäure, nämlich Tyrosin. Daraus macht ein spezielles Enzym den Zwischenstoff Dopa, aus dem ebenso geschwind Dopamin entsteht. Dieser Glücksbote wird dann im Nervenbahnhof in Vesikeln gespeichert, um gute Laune zu verbreiten.

In solchen Säckchen kann Dopamin durch ein weiteres Enzym in den Glücksstoff Noradrenalin umgewandelt werden, wofür viel Vitamin C und Sauerstoff benötigt wird. Der Glücksstoff Serotonin, den wir so dringend für unsere innere Harmonie und auch zum Einschlafen benötigen, wird auf ähnliche Weise in Neuronen produziert, jedoch aus dem Eiweißbaustein Tryptophan.

Auch Acetylcholin, dem wir unsere Konzentrationsfähigkeit verdanken, ist ein außerordentlich kleines Molekül, mit dem B-Vitamin Cholin als wichtigem Rohstoff. Im sogenannten Zytoplasma spezieller Nerven-Terminals spendet ein Enzym dem tüchtigen Cholinmolekül blitzschnell einen winzigen Zusatzstoff – und schon funktionieren Gedächtnis und Gedankenkraft wieder besser. Wichtig ist, daß sich viel Cholin in der Hirnflüssigkeit befindet. Bei einem Mangel sinkt die Konzentrationsfähigkeit rasch ab, außerdem baut das Gehirn Dendriten ab, reduziert also seinen natürlichen Reichtum an Verästelungen und Verzweigungen.

Es ist schade, daß viele Menschen deprimiert und unglücklich sind oder sich nicht mehr konzentrieren können, einfach nur deshalb, weil vielleicht ein einziger Biostoff fehlt, zum Beispiel Sauerstoff, Cholin, Vitamin C oder Tyrosin. In den Glücksprogrammen in diesem Buch erfahren Sie ganz konkret, was Sie tun müssen, um dem Leben mehr Freude und Optimismus abzugewinnen.

Euphorie durch ACTH und Beta-Endorphin

Nachts funkeln die Sterne am Himmel, und es ist dunkel und friedlich. Doch in unserer nur ein halbes Gramm leichten Hirnanhangdrüse herrscht rege Betriebsamkeit. Gemeinsam mit dem nur knapp zwei Zentimeter entfernten Hypothalamus, dem Hauptquartier unserer Empfindungen, bastelt die kleine Drüse eifrig an unserer Gefühlswelt.

Gerade noch saugt die Zirbeldrüse die letzten Serotoninmoleküle aus dem Blut, um daraus ihr Schlafhormon Melatonin zu machen, da werden auch andere Neurotransmitter dringend gebraucht. So zum Beispiel Acetylcholin und Noradrenalin, die gleichzeitig akti-

GUT ZU WISSEN

Acetylcholin ist eine feine Erfindung der Natur. Dieser Neurotransmitter ist die Geheimwaffe aller Schachspieler und anderer intellektuellen Denker. Er baut Gehirn-Power auf, beugt einem Abbau an Gehirnmasse vor. Darüber hinaus besetzt und befeuert Acetylcholin aber auch cholinerge Neuronen im Vagus-Nerven, einem mächtigen Verdauungsnerven, sorgt also für bessere Nahrungsverwertung. Ein echtes Allround-Talent!

vierend und hemmend auf den Hypothalamus einwirken, damit der endlich die Synthese von Weckhormonen in Gang setzt. Dies geschieht schließlich morgens zwischen drei und fünf Uhr. Die Hirnanhangdrüse (Wissenschaftler bezeichnen sie als Hypophyse) nimmt den Wachruf auf und synthetisiert ihrerseits nun ein einzigartiges Geschwisterpaar an Hormonen: ACTH und Beta-Endorphin. Die beiden wandern übers Blut in Sekundenschnelle zu den Nebennieren, rütteln uns aus dem Schlaf, machen uns munter und stimmen uns euphorisch und positiv auf den beginnenden Tag ein.

Erstaunliche kleine Hirnanhangdrüse

Dieses gerade mal kirschkerngroße Organ hat die höchsten Vitamin-C-Konzentrationen im ganzen Körper. Es produziert aus Eiweißbausteinen insgesamt acht Hormone, eines davon ist ein recht korpulentes Prohormon, das sich mit Hilfe von Enzymen trefflich in kleinere Proteinsegmente schneiden läßt. Das Prohormon enthält drei wichtige Bestandteile:

- ein Hormon, das uns weckt,
- ein Neuropeptid, das uns euphorisch stimmt, und
- ein Hormon, das die Melanozyten anregt, dies sind die kleinen Pigmentzellen in der Haut, die den Bräunungsfarbstoff Melanin herstellen, mit Hilfe des Melanozyten-stimulierenden Hormons alpha-MSH.

GUT ZU WISSEN

Das Glücks-Protein

- Das körpereigene Rauschgift Beta-Endorphin wird bei spontan auftretendem Streß freigesetzt, so zum Beispiel bei einer frohen Botschaft, einer zärtlichen Berührung, bei einem beglückenden Anblick. Oder aber bei Dauerbelastung, wie Joggen, Radfahren oder Langstreckenschwimmen.
- Beta-Endorphin bildet zusammen mit Noradrenalin den Rohstoff für Kreativität und euphorische Streßbewältigung. Wann immer jemals ein bedeutendes Kunstwerk entstanden ist, war der Anstieg von Beta-Endorphin eigentlicher Motor und Stimulus, ebenso wie bei den kleinen Entscheidungen in Beruf und Haushalt, die spontanen Einfallsreichtum erfordern.
- Für die körpereigene Synthese dieses Opiats wird viel Vitamin C benötigt. Noradrenalin erhöht den Halbwert dieses recht kurzlebigen Peptids, Beweis dafür, wie psychoaktive Substanzen im Körper zusammenwirken.
- Wenn der Hirnanhangdrüse Vitamin C und Eiweißbausteine fehlen, kann sie Beta-Endorphin nur bedingt bereitstellen. ACTH stimuliert dann in den Nebennieren den Ausstoß des erregenden Steroidhormons Kortisol – ohne positiv-euphorische Komponente. So wie bei einem Mangel an Noradrenalin das Ersatzhormon Adrenalin aus dem Nebennierenmark die Streßbereitschaft erhöht. Es macht wach und konzentriert, aber der euphorische Spaß am Streß fehlt.

Die Hirnanhangdrüse hilft uns also als guter Freund durch den Tag. Sie schützt nicht nur unsere Haut und sorgt dafür, daß wir bei steigender Sonne keinen Sonnenbrand bekommen, sondern sie macht uns auch im besten Sinne unternehmungslustig. Erst schickt sie das Weckhormon ACTH auf die Reise zu den Nebennieren, in kurzem zeitlichen Abstand Beta-Endorphin. Gegen Mittag wird die Produktion von ACTH (dem sogenannten adrenocorticotropen Hormon) stark gedrosselt. Deshalb bräunt unsere Haut unter der sengenden Mittagssonne weniger kupferfarben hübsch als am Vormittag oder am frühen Abend. Die Natur hat es ja schließlich auch so eingerichtet, daß ihre Lebewesen die Mittagshitze meiden und sich ins Unterholz, in Hecken oder in den Wald verkriechen. Auch dies ein Gebot der Sparsamkeit. Wozu Bräunungshormone herstellen, wenn man die Sonne meidet?

Ein Sonnenbrand entsteht meist deshalb, weil die Hirnanhangdrüse zu wenig Schutzhormone bereitstellt.

Am frühen Morgen ACTH-Power

Wenn die unzähligen ACTH-Moleküle auf die Rezeptoren der Zellwände der Nebennieren treffen, aktivieren sie eine Art Schneeballsystem an Impulsen, sie potenzieren eine enorme Hormonantwort Deshalb sind wir – vorausgesetzt unser Stoffwechsel funktioniert optimal – auch sofort hellwach und froh. Wichtigste Aufgabe der ACTH-Heinzelmännchen ist es, Kortisol zu aktivieren, den eigentlichen Wachmacher. Dieses sogenannte Steroidhormon erfüllt potente Aufgaben in unserem ganzen Körper. Vor allem wirkt Kortisol eng mit den schon erwähnten Glückshormonen im Gehirn zusammen, ermöglicht deren Synthese und ihre Speicherung in Nervenbahnhöfen.

Kortisol sorgt auch dafür, daß Nervenreizstoffe aufs Fettgewebe einwirken und dort Triglyzeride zur Energiegewinnung freisetzen. Das Hormon ist also auch ein hervorragender Fatburner. Darüber hinaus sorgt Kortisol dafür, daß wir streßfähig sind und eine gesunde Körpertemperatur beibehalten. Es ist deshalb das vielleicht wichtigste Streßhormon in unserem Organismus. Kortisol ist unerläßlich für die perfekt funktionierende Freisetzung von Noradrenalin, dem bedeutenden Glücksstoff-Hormon.

Euphorisch durch Beta-Endorphin

Dieses hormonähnliche Protein liefert einen faszinierenden Einblick in die Entstehungsgeschichte der Natur. Endorphine sind Opiat-Peptide, die sowohl in einen rauschähnlichen Zustand versetzen als auch schmerzmindernd wirken. Beta-Endorphin spaltet sich mit 31 Aminosäuren aus dem großen Komplex seines Prohormons. Es verfügt über dieselbe Molekül-Sequenz von zehn Eiweißbausteinen, wie sie auch in narkotisierenden Alkaloiden von Pflanzen vorkommt.

Schon in einer viel früheren Phase der Evolution haben Pflanzen diese Aminosäure-Ketten entwickelt, um natürliche Feinde, wie zum Beispiel Mikroorganismen, Insekten usw., abzutöten. Viel später erst haben Tiere und dann Menschen Rezeptoren für diese Peptide entwickelt. Wir nutzen heute einen natürlichen Abwehrstoff der Pflanzenwelt, um Streßbedingungen aggressiv und offensiv zu meistern. Unter Beta-Endorphin ist die Narkosewirkung oft so extrem, daß man selbst bei schwerster Verletzung zunächst keinen oder nahezu keinen Schmerz verspürt.

Genauso wie andere Glückshormone, zum Beispiel Noradrenalin oder Dopamin, gibt es Beta-Endorphin nicht als Pille oder Injektionsspritze – sosehr die Pharmaindustrie auch entsprechende Forschungen vorantreibt. Beta-Endorphin ist ein verletzlicher Stoff, der im Blutbild verheißungsvoll aufleuchtet und verschwindet. Das Interessante daran: Nicht die hohen Blutwerte sind entscheidend, sondern der Anstieg aus einem tiefen sogenannten Basalwert nach oben.

Bevorzugt sind also keineswegs jene, die ständig hohe Konzentrationen an diesem Opiat-Stoff mit sich herumtragen, sondern solche, die über niedrige Grundkonzentrationen verfügen.

Das Kortisol-Problem

Viele Menschen produzieren in ihrer Nebennierenrinde zuviel Kortisol, sind deshalb mental belastet und werden von Therapeuten mit Psychopharmaka aller Art behandelt. Ursache dieser sogenannten Hyper-Kortisolämie ist meist ein Mangel an Liebe und Zuwendung, speziell in den Jahren der Kindheit und Jugend. Die Erklärung ist ganz einfach: Kortisol ist ein Streßhormon, das weckt und existenzfähig macht. Wenn ein Baby mangelnde Aufmerksamkeit erfährt oder gar die für ein Neugeborenes oder ein Kleinkind schreckliche Erfahrung des Alleingelassenseins macht, produziert es im Stoffwechsel ein Übermaß an Streßhormonen, um auf sich aufmerksam zu machen. Dies ist reiner Selbsterhaltungstrieb. Das Kind regt sich, schreit nach seiner Mutter, nicht anders als ein Löwenbaby, das sich zu weit von seiner Mama entfernt hat und sich nun verlassen und todunglücklich fühlt.

GUT ZU WISSEN

Das Glücks-Protein
In den USA werden suizidgefährdete Patienten mit Beta-Endorphin-Training behandelt, einer Kombination von gesunder Ernährung mit viel Vitamin C, Sauerstoff und Sport. Dabei wird der Anstieg von Beta-Endorphin im Blut gemessen. Heilerfolge sind oft beträchtlich.

Wenn sich solche Situationen häufig wiederholen, kommt es in den Kortisol-stimulierenden Genen zu Mutationen. Der Organismus nimmt dann irrtümlich an, daß Hyperaktivität bis hin zu aggressivem Verhalten fürs Überleben notwendig ist. Als Folge davon werden ständig zuviel Kortisol und andere Hormone der Achse vom Hypothalamus zu den Nebennieren produziert und diese Entgleisung genetisch in den Chromosomen verankert. Kortisol-Opfer brauchen deshalb lebenslang viel Liebe und Zuwendung.

Hilfreich ist es, das parasympathische vegetative Nervensystem zu aktivieren, das den Stoffwechsel beruhigt und entspannt. Wie man diesen Kippschalter von Unruhe und Streß zu innerem Frieden betätigt, zum Beispiel durch Meditieren oder nervenberuhigende Nahrungsergänzung, lesen Sie später in diesem Buch.

Wachstumshormon – Manager der Wachstumsfaktoren

Tagsüber schlagen wir uns mit dem Alltagsstreß herum. Verständlich, daß unsere 70 Billionen Körperzellen dabei gehörig strapaziert werden und Erholung brauchen. Die verschaffen wir ihnen nachts, wenn sich die Muskelverspannungen lösen, Blutdruck und Körpertemperatur geringfügig absinken. Im Wechsel von Streß und Schlaf folgen wir dem Milliarden Jahre alten Rhythmus von Sonne und Mond, vom Hell zum Dunkel, an das sich unser genetisches Programm angepaßt hat. Tagsüber altern wir schneller, nachts drehen wir unsere biologische Altersuhr zurück und erholen uns.

Meditation und Entspannungsübungen helfen, innere Ruhe und Balance zu finden.

Das Wachstumshormon ist dabei wichtiger Motor, synthetisiert und ins Blut gepumpt durch unsere unermüdliche Hirnanhangdrüse. Von allein können sich unsere Zellen ja nicht verjüngen. Zellen haben deshalb in ihrer Schutzmembran ganz spezielle Re-

zeptoren, die ausschließlich für das Andocken der Wachstumshormonmoleküle reserviert sind. Das Hormon wirkt aus dem Inneren der Zellen heraus wie ein Manager, der die Arbeit anderer Wachstumsfaktoren koordiniert, so etwa von Nerven, Haut, Muskeln, roten Blutkörperchen, der Gefäßwände oder auch von Insulin, das Muskeln und Gewebe aufbaut.

Dieses erstaunliche Hormon trennte sich – genetisch gesehen – vor rund 400 Millionen Jahren aus einem größeren Prohormon, aus dem schließlich vor etwa 100 Millionen Jahren auch Milchdrüsen stimulierende Hormone, wie Prolaktin, hervorgingen. Mit der Entwicklung der Säugetiere kündigte sich damals die noch ferne Entstehung des Menschen an.

Das Wachstumshormon setzt nachts Fett frei und stimuliert die Zellteilung und -verjüngung. Ihm verdanken es die Tiere in freier Natur und auch unsere Kinder, daß sie morgens schlank und energiegeladen aufwachen. Um es zu produzieren, benötigt die kleine Hirnanhangdrüse beträchtliche Mengen an Aminosäuren, den Eiweißbausteinen, sowie an Vitamin C. Entscheidend ist dabei nicht der Konsum an Eiweiß, sondern die Proteinverwertung. Pflanzliches Eiweiß ist wesentlich besser verdaulich und verwertbar als Fleischeiweiß.

EMPFEHLUNG

Besser als Vitamin-Pillen sind die natürlich in Obst und Gemüsen vorkommenden Vitamine. Erst ihr Zusammenwirken mit den anderen Inhaltsstoffen in den Früchten, im Wurzelgemüse, im Kohl, in Hülsenfrüchten oder Salatpflanzen führt zu den gewünschten positiven Effekten in unseren Körperzellen.

ANHEDONIE:
Wenn man sich nicht mehr freuen kann

Wer kennt das nicht – im streßbeladenen Alltag kann man leicht in einen Zustand geraten, in dem einen nichts mehr Freude macht. Dann ist es höchste Zeit, die Notbremse zu ziehen, um ein Versinken in Melancholie und Depression zu verhindern.

»

Der Verlust der Lebensfreude ist ein typisches Symptom dafür, daß mit unseren Glückshormonen irgend etwas nicht stimmt. Morgens scheint die Sonne, man ist ausgeschlafen, ein froher Tag wartet auf einen – doch man sitzt am Frühstückstisch und denkt: »Wenn nur dieser Tag schon wieder vorüber wäre ...«

Für diese rätselhafte Vorstufe in der Stimmungslage vor Abstufungen wie Melancholie, Trübsal oder ersten depressiven Verstimmungen haben US-Neurobiologen einen wissenschaftlichen Symptomenbegriff geformt: Anhedonie. Er bedeutet, daß man sich nicht mehr über Dinge freuen kann, die einem früher Freude bereitet haben.

Anhedonie ist der Grenzbereich zu ersten mentalen oder psychischen Störungen – und gleichzeitig ernstzunehmendes Warnsymptom.

Inzwischen gibt es über dieses Syndrom wissenschaftliche Studien. Der Grund: Immer mehr Frauen und Männer über 40 Jahren leiden darunter und brauchen Hilfe, um nicht dauerhaft depressiv zu werden.

Drei Beispiele für Anhedonie

Die Psychobiologin Dr. Francene A. Rudman von der School of Medicine der University of California (USA) schildert drei typische Fälle:

Eine 52jährige Sekretärin aus dem Orange County am Pazifik erhält im Laufe eines Vormittags mehrere gute Nachrichten: Ihre im Staat Vermont lebende Tochter wurde Mutter eines gesunden Mädchens, sie selbst erhielt eine Gehaltsaufbesserung, und eine belastende Vorsorgeuntersuchung bezüglich eines möglichen Karzinoms ergab keinerlei Befund. Dr. Rudman: »Trotzdem konnte sich die Frau nicht freuen. Nach ihren eigenen Angaben wäre sie vor wenigen Jahren vor Jubel und überschäumendem Glück noch an die Decke gesprungen.«

Eine pensionierte Richterin und ihr Mann erwarben ihr Traumhaus mit Blick auf die Bucht von San Francisco. Jahrelang hatte die Frau davon geträumt, die Räume dieses Hauses einrichten zu dürfen. »Als

GUT ZU WISSEN

Die vier Stufen psychischer Probleme

1. Die milde Form

- innere Unruhe
- Unlust
- Beklommenheit
- Bangigkeit
- Zaghaftigkeit
- Besorgnis
- Bammel
- übertriebene Vorsicht
- Kleinmut
- Feigheit

es schließlich so weit war«, so Dr. Rudman, »saß sie trübselig auf einer Kiste in einem der noch leeren Räume und konnte sich überhaupt nicht mehr freuen.«

Ein 48 Jahre alter Rechtsanwalt aus Oregon verwirklichte sein Hobby der Rosenzucht. Er entwickelte über Jahre hinweg einen wahren Prachtgarten blühender und duftender Rosen, der allgemein bestaunt und bewundert wurde, und der seine große Freude war. »Als dann wieder Frühjahr und Sommer kamen, verlor er mit einem Mal den Spaß an seinen Blumen«, schildert Dr. Francene A. Rudman. »Er konnte sich nicht einmal erklären, wieso die Rosenzucht früher sein beglückender Lebensinhalt gewesen war. Beim Anblick der schönsten Exemplare produzierte er keine Neurotransmitter mehr. Auch sein sonstiger Tagesablauf vollzog sich öde, leer und freudlos.«

Wir fühlen uns nicht immer gleich

Im Laufe eines Tages ändert sich der Zustand unserer Zellen und

GUT ZU WISSEN

2. Anhedonie

- Melancholie
- Bedrücktheit
- Entmutigung
- Unzufriedenheit
- Überdruß
- Freudlosigkeit
- Katzenjammer
- Pessimismus
- Trübsinn
- Verdrossenheit

GUT ZU WISSEN

3. Mentale Beschwerden

- Mangel an Liebesfähigkeit
- Aggressivität
- Furchtsamkeit
- Konzentrationsschwäche
- Gefühl von Isolation
- depressive Verstimmungen
- Angst, allein gelassen zu sein
- Nervosität
- gesteigerte Reizbarkeit
- ständige Ungeduld

unseres Gewebes unablässig, je nach Belastung, Ernährung, Erholung. Bei Tieren und Pflanzen in freier Natur ist dies nicht anders. Der Zustand einer Heckenrose verändert sich von Minute zu Minute oder gar von Sekunde zu Sekunde, je nach Einwirkung von Sonnenstrahlen, Temperatur, Nährstoffversorgung, Bedrohung durch Parasiten oder krankheitserregende Mikroorganismen.

Dieser ständige Wechsel mit Anpassung an sich verändernde Lebensbedingungen entspringt der gütigen Fürsorge der Natur. Sie öffnet und schließt Zellen bzw. Rezeptortürchen an Zellen, wirkt auf Stoffwechsel, Wachstum und Hormone ein. Weil Pflanzen im Freien überleben müssen und sich bei garstigem Wetter nicht einfach wie ein Wolf oder eine Amsel ins Unterholz verkriechen können, verfügen sie über bis zu hundert Mal mehr Hormone als wir Menschen. Die Hormone von Gänseblümchen, Bergkiefern, Huflattich oder Schlehenbüschen reagieren außerdem viel empfindsamer als die von uns Menschen.

Wenn wir uns also mal etwas

GUT ZU WISSEN

4. Psychische Krankheiten

- Angst
- Verzweiflung
- Nervenzusammenbruch
- ständige Traurigkeit
- Depressionen
- Lebensverneinung
- Suizidvorstellungen
- Panik
- schwere nervliche Störungen
- Zwangsvorstellungen, Phobien

besser oder schlechter fühlen, ist dies ganz normal, natürliche Anpassung an äußere Einwirkungen und innere Zellversorgung. Die Natur wünscht sich dies sogar so, denn eine Veränderung unseres Zustands – sei es als fröhlicher Kraftaufwand oder zaghaftes Streßverhalten – dient in jedem Fall der Überlebensfähigkeit. Neurophysiologen erklären deshalb Mutlosigkeit oder Ängstlichkeit als etwas Gutes. Mit derlei Instrumenten bewahrt uns die Natur davor, mit nur dürftig ausgerüsteten Körperzellen waghalsige Streßabenteuer auf uns zu nehmen.

Mißbehagen, Niedergeschlagenheit oder Hoffnungslosigkeit haben also eine Schutzfunktion. Denn die Natur hat in Jahrmilliarden biologischer Evolution noch nie etwas wirklich Schlechtes oder Negatives entwickelt. Sie will Pflanzen und Kreaturen stets nur helfen. Lesen Sie über unser Adaptionsvermögen auf Streß mehr in dem spannenden Kapitel über unseren Blutzucker.

Anhedonie und Melancholie

Ein erstes Symptom sind Stimmungsschwankungen, die aus Phasen der Melancholie nicht mehr so deutlich in freudige Empfindungen wechseln wie früher. Oder es passiert, daß Phasen von Zuversicht und Optimismus ganz ausbleiben. Den Zustand könnte man mit einem Satz ausdrücken: »Heute fühle ich mich wenigstens nicht so deprimiert.« Man empfindet die Situation als erträglich, nicht aber als freudig und positiv. Gleichzeitig ist man sich bewußt, daß Phasen von Bedrücktheit und Niedergeschlagenheit folgen werden. Und das ist bitter: Richtige Lebensfreude aber kommt nicht mehr oder kaum noch auf.

An Anhedonie leidet – chronisch oder zeitweilig – schätzungsweise jeder vierte Mann und jede zweite Frau ab 45 Jahren. Das weibliche Geschlecht ist also doppelt so stark betroffen. Hauptursache ist eine Entgleisung bzw. ein Defizit im Hirnstoffwechsel. Die Betroffenen werden fast immer von persönlichen, beruflichen, finanziellen oder Partnerschaftsproblemen belastet, oft verbunden mit dem Verlust des Arbeitsplatzes, der Trennung von einer geliebten Person sowie Alkohol-, Zigaretten- oder Medikamentenmißbrauch.

Warum Frauen häufiger betroffen sind

Kinder, Familie, Haushalt, Karriere und Beruf, gleichzeitig die Belastung von prämenstruellem Syndrom, Monatsregel, Hormonschwankungen, Schwangerschaft und Menopause – Frauen haben es oft sehr schwer, alle ihre Probleme unter einen Hut zu bringen und zu meistern. Um das Anhedonie-Syndrom zu verstehen, orientieren sich Neurobiologen deshalb verstärkt an weiblichen Patienten, die ja auch die weit größere Gruppe der Betroffenen stellen.

Der weibliche Organismus begünstigt die Entstehung depressiver Verstimmungen weit mehr als der männliche. Durch alle Lebensphasen hindurch wirken Hormone auf die jeweilige Stimmungslage ein. Vor der Pubertät haben Mädchen und Jungen nach wissenschaftlichen Studien noch ziemlich exakt die gleichen Werte an mentalen Verstimmungen bis hin zu Depressionen. Doch nach der Pubertät ändert sich dies nahezu schlagartig: Ab dem Alter von 15 oder 16 Jahren entwickeln Mädchen doppelt so häufig eine depressive Verstimmung oder eine Depression als Jungen.

Hinzu kommt, daß Mädchen mit dem Erwachen der Sexualität oft größere Schwierigkeiten haben, Probleme mit den Eltern oder mit den an sie gestellten sozialen Er-

Die vielfältigen Anforderungen, denen Frauen unterliegen, führen oftmals zu Dauerstreß.

GUT ZU WISSEN

Die speziellen Symptome der Anhedonie

- häufige Stimmungswechsel
- Mangel an Lebensfreude
- Müdigkeit, erhöhtes Schlafbedürfnis
- Antriebsschwäche
- Schuldgefühle, aber Schuldzuweisungen an andere
- das Gefühl, verwundbar, verletzlich zu sein
- mangelndes Urteilsvermögen
- häufig rasende, schwer kontrollierbare Gedanken
- Appetitmangel
- Libidomangel

wartungen fertig zu werden. Verbunden mit der extremen Belastung der Tage vor und während der Regel führt dies zu einer deutlichen Mehrbelastung gegenüber Jungen. Dies bleibt meist ein ganzes Leben lang so – und deshalb sind es vorwiegend Frauen, die behandelt werden.

Frauen verpulvern im allgemeinen ihre Reserven an Glückshormonen schneller als Männer; brauchen daher mehr Rücksicht.

Ein neues Krankheitsbild

Für die belastende Verknüpfung von Lebens-, Berufs- und Partnerschaftsproblemen mit der Bürde der menstruellen Syndrome, wie Brustschmerzen und -spannungen, Kopfschmerzen, Angstgefühlen, Blutungen oder Gereiztheit, haben US-Wissenschaftler ein neues Krankheitsbild geprägt: Premenstrual Dysphoric Disorder (PMDD), deutsch: Prämenstruelles Verstimmungs-Syndrom.

Präzise geklärt und charakterisiert ist dieses Krankheitsbild noch nicht. Wissenschaftler gehen aber davon aus, daß die zyklischen Umwälzungen in der Produktion von Östrogen, Progesteron und anderen Hormonen zerstörerisch auf die Funktion von Glückshormonen wie Serotonin im Gehirn einwirken. Auch Androgene könnten eine Rolle spielen, sogenannte männliche Hormone, die – wie Testosteron – von Frauen ebenfalls synthetisiert werden.

Das Risiko, unter Anhedonie oder unter depressiven Verstimmungen zu leiden, verstärkt sich in

Auch Schlafstörungen können schon auf eine gestörte Psyche hinweisen.

der Perimenopause, den Monaten oder auch Jahren vor der letzten Menstruation. In diesem Zeitraum schwankt die Hormonproduktion ungleichmäßig und auch unberechenbar, ehe nach der Menopause die Östrogen-Werte ganz deutlich sinken. Viele Frauen durchleben schwierige Phasen der Menopause ganz ohne depressive Verstimmungen. Aber für Frauen mit Schlafstörungen oder mit vorangegangenen Phasen einer Anhedonie kann sich der Verlust an Lebensfreude besonders deutlich auswirken.

Soziale Probleme spielen mit

Daß Frauen häufiger an Anhedonie leiden als Männer, hat nicht nur mit Ernährung und Schlaf zu tun. Die soziale Belastung ist oft enorm. Frauen fühlen sich oft für zu viele Dinge verantwortlich, wie zum Beispiel die Gesundheit der Familie oder des Partners. Sie empfinden die Bürde der Alltagslast oft auch schwerer als Männer. Sich gleichzeitig für Familie und Beruf verantwortlich zu fühlen, bedeutet mentalen Streß.

Hinzu kommt, daß Frauen meist weniger verdienen und häufig Alleinerzieher sind. Weibliche Singles mit Kindern verfügen nicht selten über ein Einkommen am Existenzminimum. Sie sind deshalb zu höherer Arbeitsleistung gezwungen – bei ungewissen Prognosen für ihre Zukunft und die ihrer Kinder. Das Gefühl von Passivität, mangelnder Aktivität, ungenügendem Selbstwertgefühl, sowie die Empfindung, vom Partner oder Arbeitgeber nur benutzt zu werden,

SELBSTTEST

Mein Anhedonie-Kompass

Mit diesem Selbsttest aus 20 Fragen prüfen Sie, ob Sie bereits ein Kandidat für Anhedonie sind und zu wenig Glückshormone produzieren. Tragen Sie bei jeder Ja-Antwort 10 Punkte ein und summieren Sie Ihre Punktzahl am Ende des Tests. Je weniger Punkte Sie haben, desto besser ist Ihr Gesamtstatus. Ja: 10 Punkte eintragen. Nein: null Punkte eintragen

- Ich fühle mich oft unverstanden ☐
- Ich fühle mich oft einsam ☐
- Ich habe kaum noch Interesse an Kino, Ausflügen usw. ☐
- Ich fühle mich oft entmutigt ☐
- Ich kann nachts nicht gut schlafen ☐
- Ich bin zu oft gereizt, verärgert ☐
- Ich habe kein großes Verlangen mehr, anderen eine Freude zu bereiten ☐
- Ich habe Angst vor der Zukunft ☐
- Ich habe keine Lieblingsfarbe mehr, keine Leibspeise, keinen Lieblingsurlaubsort, keinen liebsten Musik-Hit ☐
- Ich weine häufig ☐
- Ich habe oft das Gefühl, daß mich Menschen nicht besonders mögen ☐
- Ich komme mit vielen Dingen nicht mehr so recht voran: Haushalt, Finanzplanung, Behördengänge usw. ☐
- Ich habe das Gefühl, nicht mehr richtig gesund zu sein ☐
- Ich habe immer weniger Appetit ☐
- Ich kann mich nicht mehr richtig freuen ☐
- Ich reagiere kaum noch positiv auf Mut und Zuspruch aus meiner Umgebung ☐
- Alles, was ich unternehme, wird zur Belastung ☐
- Ich habe das Gefühl, daß mein Leben ziemlich sinnlos ist ☐
- Ich habe kaum noch Lust, mich mit Menschen zu unterhalten, mit ihnen zu telefonieren ☐
- Ich bin am liebsten allein ☐

Punktezahlen addieren: ☐

verstärkt die Symptomatik einer noch milden Anhedonie bis hin zur Entwicklung schwerer psychischer Störungen. Charakteristisch dafür sind zunehmende Teilnahmslosigkeit sowie ein Mangel an Interesse und eine ungenügende Reaktion auf Kontaktangebote der Gesellschaft.

Wenn Melancholie zur Krankheit wird

Am Anfang sind es oft nur einzelne Tage, an denen man sich einsam und traurig fühlt. Sie sind abgelöst von Tagen oder Wochen, an denen man froh und intensiv am Leben teilnimmt. Dann aber fügen sich Tage der Bedrücktheit zu längeren Phasen, und man stellt fest, daß das Leben eher zur Last wird. Oft beobachten auch Angehörige, Freunde oder Berufskollegen die Entwicklung mit Sorge: »Was ist mit dir los? Ich sehe dich gar nicht mehr lachen. Freust du dich denn gar nicht mehr?«

Wissenschaftler klassifizieren psychische Störungen nach den Symptomen der betreffenden Personen und nach Ergebnissen aus Untersuchungen in der Klinik. Dies ist nicht immer einfach, und oft überlappen sich Krankheitsbilder, oder sie verlaufen mit der Zeit in andere Kategorien mentaler Beschwerden.

Auswertung des Selbsttestes

Wenn Sie weniger als 50 Punkte gesammelt haben, können Sie mit Ihrem seelisch-mentalen Zustand zufrieden sein, leiden aber bereits an den Einstiegssymptomen einer Anhedonie. Achten Sie auf gesunde Ernährung und ausreichend Schlaf.

Bei 50 bis 100 Punkten sind Sie ein ernstzunehmender Kandidat für beginnende psychische Störungen. Dieser Entwicklung müssen Sie unbedingt Einhalt gebieten, sonst sondern Sie sich immer mehr ab, verlieren soziale Kontakte und steigern sich zunehmend in depressive Verstimmungen.

Zwischen 100 und 150 Punkten beginnt die Gefahrenzone. Möglicherweise haben Sie Ihrem Arzt oder Ihrer Ärztin bereits Ihre Symptome geklagt, erhalten bereits Rat

GUT ZU WISSEN

Seelische Störungen

► **Verstimmungen**

Sie zählen noch zum Krankheitsbild der Anhedonie, diese oft unerklärlichen, wechselnden Empfindungen zwischen Trübsal und Lebensfreude.

► **Verhaltensstörungen**

Dazu gehören eine oft weltfremde Beziehung zur Umwelt oder eine extrem auf sich selbst bezogene Persönlichkeitsentwicklung. Die Folge davon können Vereinsamung und Verbitterung sein.

► **Beschwerden durch Mißbrauch**

Sie sind Folgen eines Raubbaus am eigenen Körper, der Ausplünderung der Nerven- und Körperzellen durch Alkohol, Zigaretten, Kaffee, andere Genußgifte wie zum Beispiel Zucker, Süßes und süße Getränke, oder auch durch Medikamente.

► **Depressionen**

Es beginnt mit Befindlichkeitsstörungen wie Sehnsüchten, Tagträumen und Traurigkeit und endet bei krankhafter Hoffnungslosigkeit, bei Verzweiflung und vollkommenem Lebensüberdruß. Dazwischen gibt es unzählige Abstufungen mentaler Entgleisungen.

► **Angstzustände**

Übertriebene Vorsicht, Furcht, Angst und Panik sind die Abstufungen dieser Form mentaler Störungen, an denen sich das psychische Beschwerdebild ablesen läßt.

► **Psychische Störungen**

Darunter fallen der zeitweise oder dauerhafte Verlust des Realitätssinns bis hin zu Schizophrenie, Delirium oder Demenz.

oder gar Psychopharmaka milderer oder massiverer Art. Falls das nicht der Fall sein sollte, ist es jetzt allerhöchste Zeit, Hilfe zu suchen. Unterstützen Sie außerdem Ihre Gehirn- und Nervenzellen bei der Produktion von Neurotransmittern und Euphorie-Peptiden und beginnen Sie gleich morgen, die Ratschläge dieses Buches umzusetzen. Dann werden Sie sich sicherlich bald besser fühlen.

Locken Sie Ihre Glückshormone – dabei hilft jede Form von Bewegung.

Auch mit 150 Punkten und mehr haben Sie die große Chance, neuen Lebensmut, Optimismus und Alltagsfreude zu entwickeln – und vielleicht auch neue Freunde zu gewinnen. Ihnen sollte stets bewußt sein, daß Nöte und Ängste, Melancholie und Verzagtheit nur Schutzmechanismen der Natur sind. Solche Mechanismen können aus den verschiedensten Gründen entgleisen. In den meisten Fällen lassen sich diese Störungen beseitigen. Wenn Gehirn- und Nervenzellen wieder optimal mit Nährstoffen aufgepäppelt sind, werden sie wieder ausreichend Glücksstoffe und Glückshormone synthetisieren. Dieses Vermächtnis ist als natürliches Gesetz unauslöschlich in Ihren Genen eingespeichert. Sie müssen die neue Lebensfreude nur wieder wecken.

Interessant ist, daß psychische Beschwerden und Krankheiten keineswegs nur in sogenannten zivilisierten Ländern auftreten. Schizophrenie und Depressionen finden sich weltweit in nahezu gleicher Häufigkeit. Eines aber gilt als sicher: Streß ist Hauptursache nerv-

GUT ZU WISSEN

Frauen speichern rund ein Drittel weniger Blutzucker als sogenanntes Glykogen als Männer. Ganz klar, daß ihre Reserven bei Streß rascher aufgebraucht sind. Sie reagieren dann oft nervös, zerfahren, aber auch gereizt – Warnsymptom dafür, daß die Blutzucker-Speicher leer sind. In einem solchen Zustand brauchen Frauen Verständnis – und nicht Vorwürfe. Ein Streit aus Mangel an Blutzucker führt oft zu Zerwürfnissen und Trennungen.

licher und psychischer Entgleisungen aller Art. Vor allem der tägliche Dauerstreß von Hektik, Geldproblemen, Partnerschaftskonflikten, beruflichen Schwierigkeiten, Sorgen um kranke Familienmitglieder oder gar um die materielle Existenz rauben den Gehirn- und Nervenzellen ihren Rohstoff für Glückshormone. Dann fehlen die zauberhaften Moleküle der Lebensfreude, ohne die eine optimistische Bewältigung des Alltags nicht möglich ist. Was für ein Teufelskreis! Ihm kann man schwer entrinnen.

Das Blutzucker-Dilemma

Der Blutzuckerspiegel zählt zu den vollendetsten Instrumenten, mit denen die Natur ihre Lebewesen ausgestattet hat. Er macht streßfähig, läßt Tiere und Menschen reagieren, wenn sie z.B hungrig sind und Nahrung brauchen oder wenn sie sich in irgendeiner Weise zur Wehr setzen müssen.

Die kleinsten Bausteine der Kohlenhydrate (zum Beispiel in Kartoffeln, Getreide, Gemüse oder Obst) heißen Glukose. Wenn diese Moleküle aus dem Dünndarm durch die Schleimhaut ins Blut gelangen, werden sie auch als Blutzucker bezeichnet. Gesund ist eine Blutzuckerkonzentration von 85 bis 105 Milligramm Glukose pro Deziliter Blut. Bei ständig zu hohen Werten ist man Diabetiker, also zuckerkrank, bei zu niedrigen Werten hypoglykämisch, wie die Wissenschaftler es ausdrücken.

Weil Gehirn- und Nervenzellen praktisch ausschließlich Glukose als Energienahrung verwenden können, führt ein entsprechendes Defizit zu Nervenschwäche mit

Symptomen aller Art, zum Beispiel auch Resignation, Angst oder depressiven Verstimmungen. Ein Glukose-Schub in die Neuronen erfrischt dementsprechend, macht glücklich, wirkt also ebenso wie Glückshormone. Der Grund liegt aber nicht im Blutzuckermolekül selbst, sondern einfach nur darin, daß Blutglukose gebraucht wird, um Neurotransmitter zu aktivieren.

Bei vielen Menschen hängt der Blutzuckerspiegel chronisch im Keller, bei Werten zwischen 65 und 80. Die Folge: Müdigkeit, nervöse Störungen, Zerfahrenheit. Ohne ausreichende Glukose-Energie können keine Glücksstoff-Moleküle synthetisiert werden.

Heinzelmännchen in der Nervenzelle

In jeder Zelle, und so auch in jedem Neuron, gibt es sogenannte Stringent Factors. Diese Proteine sind noch nicht lange bekannt, sie verstecken sich quasi, verrichten ihren Job mehr oder weniger im geheimen. Ihre Aufgabe ist es, sehr genau zu beobachten und zu registrieren, was sich an Nährstoffen wie Vitaminen, Sauerstoff, Wasser, Spurenelementen usw. im Innern der Zelle befindet. Sie stehen in ständigem Kontakt zu den Genen im Zellkern, die sie unterrichten, wenn bestimmte Biostoffe zur Produktion neuer Zellproteine oder Zellteile fehlen.

Dahinter steckt eines der großen Wunder der Natur, ihr einzigartiger Sparsamkeitssinn. Nie würde nämlich die Natur damit beginnen, Aminosäuren aneinanderzuknüp-

EMPFEHLUNG

Man sollte sich der Müdigkeit und Erschöpfung lieber hingeben, als sich z. B. mit viel Kaffee aufzuputschen und in Streßabenteuer zu stürzen. Löwen dösen ja auch gern stundenlang in der Astgabel und gähnen. Dabei tanken sie neue Kräfte auf, weil ihre Magen- und Darmtätigkeit in diesem faulen Zustand prächtig funktioniert, der ganze Körper neue Energien aufbaut.

GUT ZU WISSEN

Die Natur in uns läßt sich nicht überlisten. Sie läßt sich nicht täuschen. Ein fetter Hamburger mit Cola macht zwar satt – die kleinen wachsamen Stringent Factors in unseren Zellen registrieren aber genau, wie arm an wertvollen Biostoffen eine solche Mahlzeit ist.

fen, um ein Zellprotein herzustellen, wenn vorher nicht sämtliche dafür notwendigen Zutaten vorhanden wären. Genau so also, wie eine Hausfrau erst dann damit beginnt, nach einem bestimmten Rezept zu kochen, wenn sie sämtliche dafür nötigen Zutaten bereitgelegt hat, wie zum Beispiel Sahne, Kümmel, das Gemüse, Kräutersalz oder Butter.

Die Stringent Factors, diese winzigen Zellheinzelmännchen, melden sofort, wenn Vitamin B_6, Mangan, Wasser, Sauerstoff, der Eiweißbaustein Threonin oder irgendein anderer wichtiger Nährstoff fehlt. Daraufhin drosseln die Gene innerhalb von Sekunden den Zellstoffwechsel.

Dies geschieht auch, wenn Glukose fehlt, die Blutzuckerkonzentration also zu niedrig ist. Dann bauen die Gene innerhalb von Sekunden Zellteile ab. Zu denen zählen Ribosomen, kleine Werkstätten, in denen Eiweißbausteine zu Proteinen zusammengebastelt werden. Oder auch Mitochondrien, die winzigen Brennöfen, in denen der Blutzucker mit Hilfe von Sauerstoff und anderen Nährstoffen zu Zellenergie verheizt wird.

Glückshormone, die Neurotransmitter, sind aber dringend darauf angewiesen, daß sich mit ihnen zusammen möglichst viele üppig vollgepumpte, große und leistungs-

GUT ZU WISSEN

Die Herzmuskelzellen eines gesunden Menschen enthalten jeweils bis zu 200 000 Ribosomen, in denen Zellproteine zusammengeknüpft werden. Ohne Eiweißbausteine geht in unserem Körper gar nichts, alle anderen Nährstoffe wie Vitamine, Spurenelemente usw. sind nur Hilfsstoffe bei der Eiweißverwertung.

starke Mitochondrien in die aktiven Zonen der Neuronenbahnhöfe quetschen. Denn Freude übertragen kostet Energie. Wenn aber Glukose fehlt, schrumpfen Mitochondrien sofort – und ihre Anzahl nimmt dramatisch ab. Die Energieleistung des Neurons sinkt, ebenso die Synthese neuer Freudenspender.

Das erklärt auch, warum Frauen – aber auch Männer – die eine strenge Diät einhalten, also hungern, oft so miesepetrig sind: Ihnen fehlen die Nährstoffe für die Glückshormone.

Daß sich viele Menschen nicht mehr freuen können, hängt davon ab, daß die Konzentrationen an Blutzucker zu niedrig sind. Wenn dann auch noch Neurotransmitter wie Serotonin oder Noradrenalin fehlen, kann niemand erwarten, daß man ein fröhliches Gesicht macht.

Glücklicher lebt, wer seine Lebensweise so gestaltet, daß sein Hormonhaushalt wie »geschmiert« läuft: Voraussetzung dafür sind

- gesunde Ernährung mit naturbelassenen Lebensmitteln,
- ausreichend Schlaf und Erholung,
- viel Bewegung.

Wege aus der DUNKELHEIT

Erst langsam erforscht die Wissenschaft alle Rätsel und Geheimnisse unseres Hirn- und Nervenstoffwechsels. Aber wenn auch noch nicht alle Fragen geklärt sind – Hilfe in Krisensituationen gibt es bereits jetzt. Wie das möglich ist, erfahren Sie in diesem Kapitel.

»

Meist beginnt es mit milden Symptomen wie Unsicherheit, Zaghaftigkeit, Verstörtheit oder Schlafstörungen. Der oder die Betroffene liest von rezeptfreien pflanzlichen Arzneimitteln, die man in der Apotheke oder auch in der Drogerie kaufen kann: Johanniskraut, Kava-Kava, Baldrian, Passionsblumenkraut und andere. Die eine oder andere Freundin oder Verwandte rät: »Versuch's doch mal mit Ginkgo biloba, Lerchenspornwurzel oder Hopfenzapfenextrakt. Das könnte helfen.« Doch auch diese Mittel bringen keine Besserung. Im Gegenteil: Die Symptome verschlechtern sich. Zusehends häufiger sind Phasen von Vereinsamung, Melancholie, erste Angstzustände gesellen sich dazu.

Schließlich folgt der Weg zum Arzt oder zur Ärztin, mit dem oft schematischen Ablauf. Der Patient erwartet ein Rezept, irgendwelche Pillen. Der Arzt verschreibt sie, weil unser Behandlungs- und Abrechnungsmechanismus meist nichts anderes zuläßt. Für die »Abfertigung« eines Patienten bleiben häufig nur Minuten, sonst zahlt der Arzt drauf. Zudem kann er nicht ohne weiteres einen Patienten, den er vielleicht für latent suizidgefährdet hält, mit der Empfehlung nach Hause schicken, sich erst mal gesund zu ernähren und Sport zu treiben. Da spielen auch Haftungsgründe mit, im Hintergrund der noch unausgesprochene Kollegenvorwurf: »Wieso verschreibst du dieser Patientin keine Neuroleptika? Warum schickst du sie nicht zur Untersuchung in die Nervenklinik? Jetzt ist es zu spät ...«

Von den mitleiderregenden Zuständen im Gehirnstoffwechsel der Patientin, dem verzweifelten Verlangen der Gehirnzellen nach Rohstoffen für die Produktion von mehr Glückshormonen, haben nicht selten weder die zu Untersuchende noch der behandelnde Arzt oder die Ärztin eine präzise Vorstellung. Dies ist auch eigentlich gar nicht möglich. Denn entscheidende Einblicke, faszinierende Einsichten in die Rätsel und Geheimnisse unseres Hirn- und Nervenstoffwechsels, gibt es erst seit sehr kurzer Zeit. Moderne Psychobiologen sind der Überzeugung, daß Behandlungs-

EMPFEHLUNG

Wenn psychische Probleme unerträglich werden

- In jeder größeren Stadt gibt es Krisentelefone, oft von den Kirchen oder ehrenamtlichen Trägern unterhalten, häufig ist es möglich, rund um die Uhr anzurufen.
- Im örtlichen Telefonbuch, aber auch auf Internet-Seiten der Kommunen finden sich weitere Anlaufadressen für eine erste Beratung.
- Scheuen Sie sich nicht, Ihren Hausarzt anzusprechen, er kann Sie an einen Spezialisten überweisen. Falls er eher flapsig reagiert, sollten Sie über einen Arztwechsel nachdenken.
- Suchen Sie Hilfe in Ihrer Umgebung. Auch wenn es Ihnen schwerfällt, das zu glauben: Die meisten Menschen sind sehr wohl in der Lage, Mitgefühl und Verständnis für Ihre Situation aufzubringen.

methoden, die noch bis zum Jahr 2000 Gültigkeit hatten, inzwischen überholt sind. Daß es dafür aber völlig neue Hoffnung gibt für Menschen, die verängstigt, depressiv, verzweifelt sind.

Hilfe bei Lebenskrisen

Es ist sicherlich ein großer Schritt, wenn man erkannt hat, daß man an einer seelischen Störung leidet, daß die Niedergeschlagenheit, die Lustlosigkeit oder die Angstzustände kein »Kikifatz« sind. Den richtigen Weg aus der Lebenskrise zu finden ist die nächste große Herausforderung. Trotz umfassender Aufklärungsarbeit fühlen sich auch viele Ärzte eher hilflos angesichts der stetig wachsenden Zahl an Patienten, die sie aufgrund entsprechender Symptome aufsuchen. So kann es passieren, daß Sie nicht gleich beim ersten Anlauf wirklich kompetente Hilfe finden werden. Besonders problematisch ist dabei die allzu leichtfertige Verschreibung von sogenannten Psychopharmaka. Jedes psychoaktive Arzneimittel hat Vor- und Nachteile.

Ins Gehirn läßt sich nicht so einfach hineinschauen wie in eine blutende Rißwunde, die sich jemand beim Sport zugezogen hat. Nirgendwo wird soviel ausprobiert wie in der Behandlung mental gestörter Patienten. Deshalb dauert es nicht selten zwischen vier und acht Wochen, bis eine wirksame medikamentöse Therapie eingerichtet wird.

In jedem Fall stellt eine Tablettenbehandlung einen Eingriff in das sensibelste Stoffwechselsystem der Natur dar. So etwas muß gut überlegt sein. Besprechen Sie deshalb jede medikamentöse Therapie gründlich mit dem behandelnden Arzt. Fragen Sie vor allem nach der Wirkung, der Behandlungsdauer, den eventuellen Nebenwirkungen und auch Wechselwirkungen mit anderen Medikamenten. Neben dem Einsatz niedrig dosierter Neuroleptika, Benzodiazepine (wie zum Beispiel Valium), trizyklischer Antidepressiva und atypischer Antipsychotika bis hin zu massiv einwirkenden sogenannten Neurotropika, wie sie bei schweren hirnorganischen Psychosyndromen eingesetzt werden, verordnen Ärzte und Ärztinnen zusehends häufiger sogenannte Monoaminooxidase-Hemmer (MAO-Hemmer) und Wiederaufnahmehemmer.

Chemie ersetzt Natur

MAO- und Wiederaufnahmehemmer sind aggressive Störenfriede unserer Gehirnzellen. Genauso wie weiße Blutkörperchen, die Immunpolizisten in unserem Körper, Feinde von Bakterien, Viren und anderen Krankheitserregern sind.

Auch wenn unser Gehirn schlecht genährt ist, zu wenig Wasser, Sauerstoff und andere Nährstoffe erhält, versucht es doch ständig, uns glücklich zu machen. Es ist ein lebenslanger Auftrag der Natur. Selbst in den Neuronen verzweifelter Menschen bemüht sich der Hirnstoffwechsel, ausreichend mit Glückshormonen gefüllte Vesikel an den Spalt zwischen Nervenzellen zu transportieren, damit wenigstens ein bißchen Lebensmut übertragen werden kann. Er befeuert in diesen aktiven Zonen der Nerven-Terminals möglichst viele Mitochondrien, bakterienkleine Brennkammern, um die nötige Energie für den Glückstransfer bereitzustellen.

Dies ist ein natürlicher Vorgang. Neurotransmitter wie Noradrenalin, Serotonin oder Dopamin werden hier ausgeschüttet, um positive Impulse zu allen Nachbarzellen zu übermitteln. Bei diesem fröhlichen Job wird ein Teil der Glücksboten geopfert und von Enzymen zersetzt, der Rest aber wieder in die winzigen Säckchen zurückgeholt, damit beim nächsten Freudesignal erneut ausreichend gejubelt werden kann.

Die chemischen Hemmer aber verhindern den natürlichen Abbau der kleinen Glücksmoleküle. Und ebenso deren Rücknahme in die Depotsäckchen. So kann ein oft kümmerlicher Rest an Gute-Laune-Molekülen länger in der Aktionszone verweilen und wirksam werden. Die Freude jedoch ist trügerisch.

INFO GESUNDHEIT

Moderne Psychobiologen empfehlen: wasserreich essen, also Obst und Gemüse, die bis zu 95 Prozent aus bestem Nährwasser bestehen. Devise: Wenn Essen und Trinken dasselbe sind. Schon zwanzig Minuten nach dem Verzehr pumpen Zellen das kostbare Naß in sich hinein, ihr Stoffwechsel kommt in Schwung. Dies gilt auch für das Gehirn, das dringend auf ausreichend Wasser angewiesen ist.

Verrat am eigenen Hirnstoffwechsel

Die Gehirnzellen unglücklicher Menschen sind fatal ausgeplündert, welk, leer und alt. Das einst so üppig, jung, glücklich und betriebsam funktionierende System wirkt, betrachtet man es unter dem Elektronenmikroskop, bestürzend krank, wie eine Ruinenstadt. Die Anzahl der kleinen Energiebrennkammern in den Terminals ist kläglich zusammengeschrumpft, dadurch wird auch kaum noch ausreichend Sauerstoff für die Zellatmung angesaugt. Den Neuronen fehlt Wasser, sie sind geschrumpft, ihr Stoffwechsel dümpelt mitleiderregend dahin.

Auch in den großen Produktionsvesikeln im Innern der Zelle werden kaum noch Neurotransmitter synthetisiert. Wozu auch? Dendriten, die unendlich feinen Verästelungen zwischen Nervenzellen,

werden rapide abgebaut, nach und nach wird der Stoffwechsel der Neuronen gedrosselt, ja teilweise sogar ganz abmontiert. Da stirbt schon allmählich lebenswichtige Gehirnmasse dahin.

In ihrer Not holen Nervenzellen immer wieder möglichst viel von dem kümmerlichen Rest ihrer Glücksmoleküle zurück in die Depots. Doch nun sind die chemischen Feinde da, die Hemmer-Moleküle. Sie verhindern einen Abbau und zwingen die Glücksboten dazu, weiter an den Grenzen zu Nachbarneuronen auszuharren. So lange, bis sie in einem erbarmungslosen Verschleiß endgültig vernichtet sind.

Was bleibt, ist ein weiterer Abbau von Vesikeln, Mitochondrien und Ribosomen, in denen Zellproteine hergestellt werden. Die Nervenzelle stirbt, während ein letztes Häuflein halbverbrauchter Glückshormone einen trügerischen Rest an Freude übermittelt.

Nie und nimmer wird auf diese Weise ein untröstlicher, vom Leben enttäuschter Mensch wieder dauerhaft glücklich.

Die Natur weiß es besser

Nach einem Freudenausbruch entleeren sich Neurotransmitter aus ihren Depotsäckchen. Oder anders ausgedrückt: Nach einem Aktionspotential, wie einer frohen Botschaft, setzen die Neuronen einen Großteil ihrer Glücksbringer aus. Schon Sekunden nach dem Euphoriesignal kehren Glücksstoff-Moleküle zu ihren Geschwistern heim, gleichzeitig werden im Eiltempo aus den Resten der von Enzymen abgebauten Neurotransmitter und Vesikel neue Glückshormone und Säckchen gebaut.

Enzyme und Glücksboten leben im Cytosol, im Inneren des Neurons, einträchtig nebeneinander, zusammen mit den in den Bläschen gespeicherten Neurotransmittern in einem sogenannten Equilibrium, einer ausgeglichenen Balance.

Wenn ein Patient oder eine Patientin nun ein Medikament schluckt, das die Abbau-Enzyme in ihrer Tätigkeit blockiert, steigt die Konzentration der Glücksmoleküle in diesem Nervenbereich extrem an. Gleichzeitig werden weitere

Neurotransmitter ausgeschüttet und als Folge davon wiederum mehr synthetisiert und gespeichert – bis es schließlich zur völligen Erschöpfung des Nervenzellstoffwechsels kommt.

Prall gefüllte Jubelsäckchen

Normalerweise bleibt viel von den verwendeten Rohstoffen im aktiven Kreislauf erhalten. Aus Proteinresten entleerter Säckchen werden neue Speicherdepots gebaut, heimkehrende Glücksboten darin erneut gehortet. Deshalb behält das Neuron auch seine Mitochondrien, die ja als Energiespender benötigt werden. Der ganze Stoffwechsel im Innern der Gehirn- und Nervenzellen funktioniert betriebsam weiter. Wenn freilich der Dauerspaß weitergeht, Amüsement und Vergnügen nicht enden wollen, dann leeren sich die Säckchen endgültig. Eine ganz natürliche Erschöpfung und Müdigkeit stellen sich ein.

Dann ist es also an der Zeit zu schlafen, sich zu regenerieren, ruhend oder träumend neue Neurotransmitter zu synthetisieren und in Vesikelbläschen zu speichern. So hat es die Natur vorgesehen. Vor vielen hundert Millionen Jahren. Bei allen Tieren und Menschen auf dieser Erde. Wenn aber Nervenzellen durch Hemmer-Medikamente ständig zu krankhaft erhöhter Produktion von Neurotransmittern gezwungen und diese sogleich wieder verschleudert werden, wird Erschöpfung am Ende zur Nervenkrankheit.

Nach ihrer Ausschüttung aus Nerven-Terminals wird etwa die Hälfte der Glücksmoleküle sofort aus dem synaptischen Spalt zu Nachbarzellen zurückgeholt und im Terminal oder teilweise auch in versorgenden Glia-Zellen einge-

GUT ZU WISSEN

»Daß Menschen morgens verzagt und ohne Lebensfreude erwachen, unglücklich in den beginnenden Tag hineinleben, darf nicht sein«, sagen moderne Glücksforscher. Ihre Heimat ist Kalifornien mit seinen 90 Universitäten und 400 Forschungseinrichtungen. Dort arbeitet die Elite der Psycho-Wissenschaftler im Dunstkreis von Nobelpreisträgern. Fast jede Woche gibt es neue, aufregende Erkenntnisse.

speichert. Verantwortlich dafür ist ein Hochleistungstransportsystem. Danach ist die Konzentration von Neurotransmittern in den Speicherbläschen bis zu tausendmal höher als im freien Raum des Neurons. Ganz klar, daß diese geballte Ladung an Glücksstoffen regelrecht darauf drängt, wieder ausgeschüttet zu werden, um neue Jubelsignale zu übertragen.

Medikamente wirken wie Rauschgift
Wenn Gehirn- und Nervenzellen ein paar Mal hintereinander ausgiebig für Freudenstimmung gesorgt haben, brauchen sie Ruhe, um sich zu erholen und neue Transmitter zu synthetisieren. Statt dessen werden sie meist wieder und wieder, bis zur neuerlichen Zermürbung gefordert – durch Streß und Medikamente. Hemmer wirken dabei nicht anders als Rauschgift. Auch Kokain blockiert die Wiederaufnahme, zum Beispiel von Dopamin nach der Ausschüttung zurück in die Nervenbahnhöfe.

Deshalb sollten Patienten und behandelnde Mediziner erst einmal nach Wegen suchen, den betroffenen Frauen und Männern ohne diese lebensfeindlichen Wirkstoffe zu helfen. Von ruinierten, ausgeplünderten Neuronen darf man keine Lebensfreude erwarten. Die brauchen schließlich selbst Hilfe. Lesen Sie bitte in den Glücksprogrammen dieses Buches, wie man die Produktion körpereigener Glücksstoffe in Schwung bringt und auf natürliche Weise neuen Optimismus gewinnt – mit viel frischem Obst und Waldspaziergängen.

Johanniskraut ist ein seit Jahrhunderten genutzter Stimmungsaufheller.

INFO GESUNDHEIT

Mögliche Nebenwirkungen chemisch-synthetischer Hemmer

- Übelkeit
- Kopfschmerzen
- Durchfall
- Nervosität
- Schlafstörungen
- Libidomangel
- Benommenheit
- chronische Müdigkeit
- starkes Schwitzen
- trockener Mund
- Verstopfung
- Appetitmangel
- Heißhunger
- Muskelschmerzen
- Bauchschmerzen
- Angstzustände
- Herzjagen
- häufiges Wasserlassen
- Sehprobleme
- Verwirrungszustände
- Antriebsschwäche
- Krämpfe
- niedriger Blutdruck
- Gewichtszunahme

Verheerende Nebenwirkungen der Medikamente

Weil der künstliche Verschleiß an Noradrenalin, Serotonin oder Dopamin das ganze System der Nerven- und Körperzellen ausplündert, um ein paar Minuten trügerischer Lebensfreude vorzutäuschen, sind die Nebenwirkungen katastrophal. So manche Tageszeitung liest man schneller durch als die ewig lange Liste der Gegenanzeigen, Anwendungsbeschränkungen, Toxizität, Warnhinweisen für Schwangerschaft und Stillzeit, Nebenwirkungen, Wechselwirkungen mit anderen Medikamenten oder Wirkstoffen und anderer Hinweise auf den Beipackzetteln der MAO- und Wiederaufnahmehemmer.

Nebenwirkung körpereigener Glückshormone: keine.

Nebenwirkungen, die nicht auf die leichte Schulter genommen werden dürfen

Als 1987 der Serotonin-Wiederaufnahmehemmer Prozac in den USA eingeführt wurde, jubelte man über ein neues Wundermittel. Doch so nach und nach verstummte die Euphorie und wich seit dem Beginn

des neuen Jahrtausends sogar Skepsis und Ablehnung. Der Grund: massive Nebenwirkungen. Berichte über Suizidverhalten depressiver Kinder und Heranwachsender alarmierten die FDA (Food and Drug Administration), die oberste Aufsichtsbehörde der USA. Sie gab Empfehlungen heraus, daß in Beipackzetteln von Hemmer-Präparaten vor Depressionen und Selbstmordneigung bei Beginn oder Umstellung einer entsprechenden Behandlung gewarnt werden sollte.

So kann zum Beispiel die Einnahme eines sogenannten selektiven Serotonin-Wiederaufnahmehemmers äußerst gesundheitsbedrohlich sein, wenn das Mittel zusammen mit MAO-Hemmern eingenommen wird beziehungsweise auch mit pflanzlichen Arzneimitteln wie Johanniskraut, die auf den Serotonin-Stoffwechsel einwirken. Für diese Entgleisung haben US-Wissenschaftler den neuen Krankheitsbegriff Serotonin-Syndrom geprägt. Massive Warnsymptome sind Halluzinationen, Gewalttätigkeit, besorgniserregendes Auf und Ab von Blutdruck und Herzrhythmen, Fieber, Krampfanfälle und möglicherweise Koma. So katastrophal kann sich der künstliche Eingriff in unser natürliches Glückssystem auswirken. Das Bestürzende: Der Patient kommt von einer Behandlung mit Hemmer-Präparaten oft so einfach nicht wieder los. Auch dann stellen sich Nebenwirkungen wie Übelkeit, Erbrechen oder Schwindelanfälle ein.

Neue Warnhinweise

Im Juli 2004 mußte der Pharmahersteller Janssen-Cilag eine Ergänzung der Warnhinweise und Vorsichtsmaßnahmen für sein viel verordnetes Hemmerprodukt Risperdal herausgeben. Der Grund: erhöhtes Risiko und signifikant erhöhte schwerwiegende zerebrovaskuläre Ereignisse (Schlaganfälle, Durchblutungsstörungen etc. auch mit Todesfolge) bei älteren Patienten mit Demenz. Patienten und Betreuer müssen auf bedrohliche Anzeichen achten, wie plötzliche Erschlaffung, Taubheit in Gesicht,

GUT ZU WISSEN

Die Hoffnung, der Arzt oder die Ärztin allein könnten dauerhaft helfen, ist oft trügerisch. Freilich ist die Vorstellung verheißungsvoll, irgendeine kleine grüne oder rote Kapsel oder ein Dragee könnten wieder zu mehr Lebensfreude und Optimismus verhelfen. Leider kann die Natur nicht reden, sonst würde sie den Patienten zuflüstern: »Weck' die Glückshormone in dir!«

Armen und Beinen sowie Sprach- und Sehstörungen. In den USA bildet sich jetzt eine breite Front von Ärzten und Wissenschaftlern, die dafür eintreten, die Verordnung von MAO- und Wiederaufnahmehemmern noch strenger zu kontrollieren, bei bestimmten Patientengruppen sogar ganz zu verbieten.

Die Einnahme von MAO-Hemmern ist oft mit erheblichen Nebenwirkungen verbunden, so etwa beim Verzehr bestimmter Lebensmittel und Getränke oder der gleichzeitigen Einnahme anderer Arzneimittel. Besonders bedrohlich: Lebensmittel mit hoher Konzentration an dem sogenannten biogenen Amin Tyramin, wie zum Beispiel überreifer Käse, alter Wein, bestimmte Fleischarten sowie alkoholfreies oder -reduziertes Bier oder Wein. Im Prinzip weisen alle lange gelagerten Lebensmittel hohe Tyramin-Werte auf, also auch Hähnchen oder Fisch aus der Tiefkühltruhe, Eier, verpackte Milchprodukte, Lebensmittel in Dosen usw.

Tyramin ist ein Eiweißbaustein, der in unserem Körper mithilft, den Blutdruck zu regulieren. Nach der Einnahme von MAO-Hemmern wird Tyramin nicht oder nur ungenügend abgebaut, die weiterhin zu hohen Konzentrationen treiben den Blutdruck nach oben – möglicherweise bis in den Risikobereich zum Herzinfarkt oder Schlaganfall. Wenn ein Patient mit erhöhtem oder hohem Blutdruck dann auch noch salzreich ißt (Salz verengt die Gefäße), raucht, viel Streß und wenig Bewegung an frischer Luft hat, wird er endgültig zum Kandidaten für ein Herz-Kreislaufproblem.

Es gibt Krankheitsbilder, die eine Einnahme von Psychopharmaka unumgänglich machen. Heilung bringen diese aber nach Meinung der Fachleute nur, wenn die medi-

kamentöse Therapie von anderen Therapieformen begleitet wird. Besonders fatal ist es, bereits milde seelische Störungen quasi mit der chemischen Keule zu behandeln.

Glücklich mit gesundem Blutzucker

Auch unsere Nervenzellen wollen froh sein. Dies können sie aber nur, wenn sie von uns liebevoll behandelt und mit Nährstoffen aufgepäppelt werden. Doch alle Vitamine, Eiweißbausteine, Fettsäuren oder Spurenelemente helfen nichts, wenn Neuronen keine Energie haben, um all diese trefflichen Nahrungsmittel aus dem Bioladen der Natur auch zu verarbeiten. Selbst das beste Auto rollt keinen Zentimeter, wenn Benzin fehlt und der Tank leer ist. Wir mögen daheim den schönsten Kachelofen haben – ohne Holz oder Kohlen als Energiebrennstoff bleibt er kalt und tot.

Der Energierohstoff unserer Neuronen ist der Blutzucker, also die im Blut zirkulierende Glukose, die kleinsten Bausteine der Kohlenhydrate. Die Natur hat es im Laufe ihrer Evolution so eingerichtet, daß der Blutzuckerspiegel idealerweise zwischen 85 und 105 Milligramm Glukose pro Deziliter Blut liegt. Dies ist der Fall, wenn wir uns gesund, mit naturbelassenen Lebensmitteln ernähren und uns nicht zuviel Streß aufbürden. Die Menschen der Steinzeit besaßen zwar keine Computer und konnten nicht telefonieren – aber in punkto Blutzuckerspiegel waren sie uns überlegen. Der war – davon sind Anthropologen überzeugt – immer im idealen Referenzbereich.

Der Grund: Sie kannten keine

INFO GESUNDHEIT

Menschen, die in ihrer Kindheit und Jugend wenig Zuwendung erfahren haben, brauchen meist ihr ganzes Leben lang ein größeres Maß an Liebe und viel mehr Verständnis als Frauen und Männer mit einer behüteten Kindheit.

Mikrowelle, Tiefkühltruhen- und Dosengerichte, kein Fast food oder süße Limonaden. Sie ernährten sich von dem, was die Natur hervorbrachte. Und sie arbeiteten am Tag nur einige Stunden, Knollen ausgrabend, Fische fangend, Früchte pflückend. Den Rest des Tages lagen sie im Gras herum, lachten viel und scherzten mit den Kindern. Nun können wir nicht zu dieser Lebensweise zurückkehren, aber wir müssen uns auch nicht jeder zivilisatorischen Unsitte aussetzen. Bewußt zu leben, sich gesund zu ernähren ist viel weniger kompliziert, als es Ihnen vielleicht vorkommt.

Das Mitochondrien-Wunder

Als Molekül in einer solchen winzigen Brennzelle muß man sich wie einem Feuerinferno vorkommen. Denn hier wird in einem ungeheuren Elektronengewitter Energie für den Zellstoffwechsel erzeugt. Dabei werden kleinste Glukoseteilchen und andere Nährstoffe mit Hilfe von Sauerstoff verbrannt, um ATP-Moleküle zu produzieren (Adenosin-Triphosphat), die eigentlichen Energiesubstanzen in unserem Körper. Je mehr Sauerstoff und Glukose den Mitochondrien in Nervenzellen zur Verfügung stehen, desto prächtiger lodert das Energiefeuer. Neuronen bemühen sich dann, noch mehr Brennzellen zu produzieren und diese noch größer und damit leistungsfähiger auszustatten.

Der Nervenbahnhof eines glücklichen Menschen ist vollgestopft mit üppigen Mitochondrien, die beträchtliche Mengen an Glukose verfeuern können.

Je weniger Blutzucker und Sauerstoff zur Verfügung stehen, desto schmächtiger werden diese Mitochondrien und um so mehr nimmt ihre Anzahl ab, was zum Teil verheerende Folgen haben kann. Sie drängen dann auch nicht mehr so sehnsüchtig und ehrgeizig in den Grenzbereich zu Nachbarneuronen, um Glücksimpulse zu übermitteln, sondern sie zerstreuen sich und ziehen sich enttäuscht ins sogenannte Cytosol des Neurons zurück, ins große wassergefüllte Innere, wo sie mit dem Basteln von Glücksstoff-Signalen nur wenig zu tun haben.

Wenn Blutzucker fehlt

Je weniger naturbelassen die Ernährung ist, desto mehr sinkt auf Dauer der Blutzuckerspiegel. Vor allem die an schnellöslicher Glukose reichen Süßigkeiten und süße Getränke führen zu einem massiven Ausstoß von Insulin aus der Bauchspeicheldrüse. Damit steigt also der Blutzuckerspiegel erst mal stark an. Sofort aber werden die vielen kleinen Glukose-Moleküle in Zellen eingeschleust, und der Blutzuckerspiegel sinkt stark ab – meist auf einen tieferen Wert als vorher.

EMPFEHLUNG

Sinkt der Blutzuckerspiegel, greifen Frauen deshalb oft unbewußt und gern auch heimlich zu Schokolade, Pralinen oder anderen Süßigkeiten, weil Ihre Gehirn- und Nervenzellen fordern: »Wir brauchen Blutzucker für neue Energien!« Helfen kann die Umstellung auf Vollkornprodukte.

Dieses Auf und Ab spielt sich oft innerhalb von 20 oder 30 Minuten ab, etwa nach dem Verzehr einer süßen Cremespeise, eines Eisbechers oder eines Stücks Sahnetorte.

Weil der Blutzuckerspiegel so tief unten hängt, verlangen die Nervenzellen gierig nach neuer Energieglukose. Sie sind sonst nicht lebensfähig, können praktisch keinen anderen Rohstoff in ihren Mitochondrien verheizen. Da regt sich also instinktiv, unbewußt, die Sucht, die Gier nach Süßem. Frauen sind viel stärker betroffen als Männer, weil sie in Leber, Muskeln und Blut über weniger Blutzuckerreserven verfügen.

Weil Blutzucker fehlt, können die Neuronen nicht mehr ausreichend Glücksignale versenden. Dies ist ein ganz natürlicher Vorgang. Lebensfreude, Optimismus, Begeisterungsfähigkeit schwinden. An dieser sogenannten Hypoglykämie (von hypo = wenig und Glykämie = Blutzucker) leiden zeitweise oder permanent zwei Drittel aller Frauen und 40 Prozent der Männer. In der Gruppe der über Fünf-

GUT ZU WISSEN

Blutzuckerwerte (mg/dl Blut)

85 bis 105
- Zuversicht
- Optimismus
- Lebensfreude
- Heiterkeit

75 bis 85
- Unruhe
- Rastlosigkeit
- Beklemmung
- Lustlosigkeit

65 bis 75
- Verzagtheit
- Mutlosigkeit
- Antriebsschwäche
- Konzentrationsschwäche

55 bis 65
- Depressive Verstimmungen
- Nervosität
- Reizbarkeit
- Niedergeschlagenheit

45 bis 55
- Depressionen
- Angstzustände
- Verstörtheit
- Aggressivität

35 bis 45
- Panik
- Nervenzusammenbruch
- Verzweiflung
- Schockzustände

zigjährigen sieht die Bilanz noch bestürzender aus: Drei Viertel aller Frauen verdanken psychische Probleme dem ständigen Auf und Ab bzw. permanenten Tiefstwerten ihrer Blutzuckerkonzentrationen.

Davon sind meist nicht sie allein, sondern auch ihre Umgebung betroffen. Denn niedrige Blutglukosewerte machen nicht nur zerfahren, lustlos, verzagt und pessimistisch, sondern auch gereizt und aggressiv.

Kurzfristig helfen dann Schokolade – oder auch die so beliebten Gummibärchen. Langfristig ist es aber besser, die Ernährungsgewohnheiten zu ändern. Das soll heißen: Regelmäßig und dann auch das Richtige zu essen.

Was Hypoglykämie und Partnerschafts-konflikte miteinander zu tun haben

Der Alltagsstreß beginnt oft schon morgens, setzt sich über den Vormittag und die Mittagszeit fort und endet erst abends – oder gar erst dann, wenn man im Bett liegt. Dabei sorgen Streßhormone dafür, daß möglichst viel Blutzucker in Mitochondrien zu Energie verbrannt wird. Die wird schließlich gebraucht, damit man immer schön wach und konzentriert ist und alle Streßsituationen perfekt meistert.

Freilich wird dabei der Blutzukker aufgefressen. Und damit wir Lebewesen nicht ganz ohne Blutzucker dastehen und quasi nicht mehr lebensfähig sind, hat die Natur Blutzuckerreserven in uns eingebaut – das sogenannte Glykogen. Es wird vorwiegend in der Leber gespeichert und erst bei Streßalarm ausgesetzt. Dieser Stimulus kann von außen erfolgen, etwa bei einer Schrecksekunde, wenn zum Beispiel jäh Gefahr droht. Er kann aber auch in uns selbst entstehen, dann nämlich, wenn die Blutzuckerkonzentrationen so tief im Keller sind, daß die Freisetzung von Notglukose mehr oder weniger lebensrettend ist.

Dann entstehen in uns eine innere Unruhe, Verdruß und ein Mißvergnügen, die sich sehr schnell zu Gereiztheit und Ärger entwickeln können. Auch möglicherweise ganz ohne Anlaß. Dicke Luft, erste Symptome aggressiven Verhaltens, entsteht ganz von allein, stimuliert durch Streßhormone wie Glukagon, die in der Lage sind, Glykogen aus den Reservespeichern in der Leber freizusetzen.

Dies vollzieht sich oft in atemberaubendem Tempo. Ein einziges Glukagon-Molekül aus der Bauchspeicheldrüse kann dabei innerhalb von Sekunden 100 Millionen Glukose-Moleküle produzieren. So wird der Blutzuckermechanismus zu einem der wichtigsten Instrumente der Natur. Ausreichende Konzentrationen sind Energiequelle für Lebensfreude, ein Mangel führt zu Verstimmung, Unlust,

EMPFEHLUNG

Das Rezept für eine bessere Blutzuckerversorgung ist ganz einfach: Natur- bzw. wilder Reis statt weißem »Chinesen-Reis«, Vollkornprodukte statt hellen Mehlprodukten. Und schon läuft die Glukose-Versorgung unserer Gehirn- und Nervenzellen auf Hochtouren. Probieren Sie doch einfach mal Dinkel-Spaghetti aus. Die schmecken noch besser als die gewohnte Pasta.

Unzufriedenheit – und möglicherweise zu Spannungen und Konflikten mit dem Partner, dem Vorgesetzten oder irgendwelchen anderen Personen.

Glukosemangel macht depressiv

Um Lebensmut und Daseinsfreude zu produzieren, benötigt unser Stoffwechsel also nicht nur Eiweißbausteine, Sauerstoff, Vitamin C und andere Nährstoffe, sondern auch ausreichend Energiebrennstoff Glukose. Die entzündet sich im Nu zu Spontanenergie, befeuert die Neuronen – so können Glückssignale innerhalb Zehntelsekunden wie süßer Honig durch den ganzen Körper schießen. Schlechte Laune oder Pessimismus kann andererseits auch Folge mangelnden Blutzuckers sein.

Der Glukosespiegel sollte sich idealer Weise zwischen 85 und 105 Milligramm Blutzucker pro Deziliter Blut bewegen. Dann fühlen wir uns frisch und aktiv, unsere Nervenzellen verfügen über ausreichend Energie. Mit sinkenden Glukosekonzentrationen sieht es um unser Nervengerüst und unsere Lebensfreude zusehends düsterer aus.

Für gesunden Blutzucker sorgen

Gute Glukosewerte kommen aus dem Nahrungsbrei im Darm, also aus gesunder Nahrung. Eine andere Möglichkeit, den Blutzuckerspiegel zu stabilisieren, gibt es nicht, auch nicht durch Medikamente. Die gute Nachricht: Es ist ganz einfach, die Glukosekonzentrationen im Blut in dem idealen Referenzbereich zwischen 85 und 105 zu halten:

- Möglichst völliger Verzicht auf alles Süße und auf süße Getränke.
- Auch der Verzehr heller Mehlprodukte einschränken, wie Pasta, Brötchen, Weißbrot, Pizza, Kuchen usw.
- Dafür Lebensmittel aus komplexen Kohlenhydraten auf den Tisch bringen: Vollkornbrot, Pumpernickel, Kartoffeln, Vollkornnudeln, Naturreis usw.
- Viel Obst und Gemüse in den Speiseplan einbauen: Äpfel, Birnen, Apfelsinen, Bananen, Ananas und das jeweilige Obst der Saison, wie Beeren aller Art, Erdbeeren, Kirschen, Pflaumen, Pfirsiche u. a.
- Glückshormone kann man also essen. Sie werden gespeist durch eine ausgewogene Ernährung mit naturbelassenen Lebensmitteln. Lesen Sie darüber mehr im folgenden Kapitel: Das Glücksprogramm.

Das Glücksprogramm für LEBENSFREUDE und Optimismus

Die Idee klingt ganz simpel: Gehirn- und Nervenzellen einfach mit dem füttern, was sie für die Produktion von Freude spendenden Neurotransmittern brauchen. Dafür ist meist nur eine geringfügige Korrektur von Alltagsgewohnheiten nötig. Das Positive daran – auch an eine gesunde Lebensweise kann man sich gewöhnen.

»

Drei Hauptpunkte umfaßt unser Programm:
1. Gehirn- und Nervenzellen mit Nährstoffen aufpäppeln. Auf die warten sie sehnsüchtig, um ausreichend Glückssignale durch den Körper zu schicken.
2. Für Sauerstoff und eine dynamische Stoffwechselrate sorgen. Beides ist notwendig, um den Hirnstoffwechsel wieder richtig in Schwung zu bringen.
3. Das Nervensystem auch mal in Urlaub schicken. Auch Psycho-Zellen brauchen Erholung, Entspannung und Schlaf, um jederzeit leistungsfähig zu sein.

Optimismus kann man essen

Weil Glückshormone weitgehend aus Eiweiß bestehen, sind Proteine für ihre körpereigene Synthese unverzichtbar. Dies bedeutet aber nicht, daß wir besonders eiweißreich essen müssen, um möglichst viele Glücksstoff-Moleküle zu produzieren. Eher ist das Gegenteil der Fall. Die Rechnung, daß viele proteinreiche Schnitzel, Lammbraten, Grillhähnchen, Wurstwaren oder Fischstäbchen froh und heiter machen, geht nicht auf.

Wir durchschnittlichen Mitteleuropäer haben täglich ohnehin zuviel Eiweiß auf dem Teller und sind oft trotzdem müde, nervös und lustlos. Entscheidend für einen Frischeschub an bioaktivem Eiweiß in Gehirn- und Nervenzellen ist die Verwertbarkeit von Nahrungseiweiß. Dabei gilt: Pflanzliches Eiweiß wird bis zu zwanzig Mal oder noch schneller abgebaut als die Proteine tierischer Herkunft. Außerdem wird Pflanzeneiweiß praktisch komplett zu Aminosäuren, den kleinen Eiweißbausteinen, zerlegt. Tierisches Eiweiß hingegen oft nicht. Die Folge: Unverdaute Eiweißreste gelangen in tiefer gelegene Darmabschnitte und beginnen dort zu faulen. Es kommt zu Blähungen, Darmträgheit oder Durchfall.

Klüger ist es also, mehr pflanzliches als tierisches Eiweiß zu verzehren. Worin sich besonders reichlich Pflanzen-Eiweiß findet, kann man in Nährstofftabellen (Internet) nachlesen.

Glücksspender Eiweiß

Es gibt insgesamt zwanzig verschiedene Eiweißbausteine, die sogenannten Aminosäuren. Acht davon sind essentiell, das heißt, wir müssen sie mit der Nahrung zu uns nehmen. Die anderen zwölf hingegen können wir im Stoffwechsel selbst zusammenknüpfen.

Die für die Produktion von stimmungsaufhellenden Hormonen wichtigsten Aminosäuren sind Phenylalanin, Tyrosin und Tryptophan. Aus ihnen macht unser Nervenstoffwechsel nämlich in blitzschnellen Reaktionsschritten mit Hilfe spezieller Enzyme die Glücksboten Noradrenalin, Dopamin und Serotonin, die allesamt wie körpereigene Glückspillen wirken. Weil sie aus jeweils nur einer einzigen Aminosäure hergestellt werden, heißen sie Monoamine.

Andere freudenspendende Hormone bestehen ebenfalls zu hundert Prozent aus Eiweiß, wie zum Beispiel ACTH, Beta-Endorphin und Wachstumshormon. Der Unterschied: Diese Hormone gehen nicht aus einem einzigen Eiweißbaustein hervor, sondern werden in der Hirnanhangdrüse aus vielen solcher Aminosäuren zusammengeknüpft. ACTH (macht wach und konzentriert) und Beta-Endorphin (macht euphorisch) entstammen einem gemeinsamen Prohormon, aus dem sie sich mittels Enzymschnitt trennen.

INFO GESUNDHEIT

Hier ist Ihr Glücksprogramm in Kurzform:

- Morgens als erstes eine kleine Portion Obst frühstücken.
- Das zweite oder »richtige« Frühstück soll oder darf eiweißreich sein: kalter Braten, magerer Schinken, Eier, Tofu, Räucherfisch.
- Mittags gibt's Gemüse mit Kartoffeln als Grundlage für den Speiseplan.
- Die Snacks gegen den kleinen Hunger müssen gesund sein (siehe Liste).
- Das Abendessen nicht zu spät einnehmen.
- Ausreichend Schlaf und mehr Bewegung.

Weil Proteine überall in der Natur aus einzelnen Eiweißbausteinen zusammengefügt werden, in Pflanzen sowohl wie in Tieren, enthalten praktisch sämtliche Lebensmittel auch sämtliche verschiedenen Eiweißbausteine. Dies zwar in unterschiedlicher Zusammensetzung, doch trotzdem in einer Weise, daß die Eiweißversorgung, also die Lieferung ins Nervengewebe, sichergestellt ist.

Glück besteht weitgehend aus Aminosäuren. Damit die im Dünndarm aus der Proteinmasse, zum Beispiel eines Putenschnitzels, abgebaut werden, bedarf es Magensäure zur Vorverdauung und eiweißspaltender Enzyme der Bauchspeicheldrüse, sogenannter Proteasen. Aufgrund von Fehlernährung und zuviel Streß produzieren die meisten Menschen ab 30 Jahre immer weniger solcher Verdauungshilfen. Als Folge davon kommt es Tag für Tag zu einem erneut auftretenden Mangel an Eiweißbausteinen in Gehirn und Nervensystem.

Deswegen lautet die allerwichtigste Regel: weitgehend umsteigen von tierischer Nahrung auf pflanzliche Kost. Nach dem Motto: Vegetarisches Eiweiß macht schneller froh.

Vegetarier leiden weniger an Eiweißmangel

Daß die Aminosäuren aus einer Gabel Blattspinat schneller befreit werden als aus einem Bissen Schweineschnitzel, ist das eine. Doch Pflanzenkost hat noch einen

GUT ZU WISSEN

Daß Vegetarier zuwenig Eiweiß zu sich nehmen, ist ein Märchen. Eher ist das Gegenteil der Fall. Der Grund: Nicht nur Fleisch, Fisch und Geflügel sind reich an Proteinen, sondern auch Gemüse und andere pflanzliche Lebensmittel. Pflanzeneiweiß ist darüber hinaus viel besser verwertbar als das Eiweiß aus einem deftig-fetten Schweinebraten.

GUT ZU WISSEN

Tofu als Fleischersatz

- Eine dem Fleisch sehr ähnliche Zusammensetzung an Aminosäuren haben Sojabohnen bzw. Tofu-Produkte. Sie sind arm an Kohlenhydraten, dafür äußerst proteinreich und ebenso reich an wertvollen Fettsäuren, Vitaminen und Spurenelementen.
- Tofu ist ein Produkt aus Sojamilch, im Geschmack neutral und deshalb für die Zubereitung vieler fleischähnlicher Speisen bestens geeignet. Man kann daraus Schnitzel ebenso braten wie Gulasch zubereiten. Ähnlich wie Fleisch, das für sich selbst ebenfalls geschmacksarm ist, lassen sich Tofu-Produkte gut würzen. Als Fleischersatz gewinnt Tofu, ursprünglich beliebtes Grundlebensmittel in Asien, auch bei uns immer mehr Freunde.
- Naturkostläden bieten inzwischen ein reiches Angebot an Tofu-Produkten an, von Würstchen, Geschnetzeltem, Steaks oder Bällchen bis hin zu Brotaufstrich und Räucher-Tofu.

weiteren Vorzug: Sie enthält Fruchtsäuren wie Vitamin C oder Citrinsäure, die die sogenannten Belegzellen der Magenschleimhaut stimulieren, mehr Salzsäure an den Magensaft abzugeben. Der wird dadurch säurehaltiger – erste Voraussetzung für eine perfekte Vorverdauung von Nahrungseiweiß und gleichzeitig erster Schritt für die Versorgung der Nervenzellen mit Aminosäuren.

Was aber ganz entscheidend ist: Unser Darm liebt Kartoffeln, Gemüse und Vollkornprodukte, allesamt reich an Kohlenhydraten und an Eiweiß. Derart mit kerngesunder Naturkost verwöhnt, baut er

eine üppige Schleimhaut auf, die die Nahrung von Tag zu Tag besser verwertet. Der Darm wird also durch Pflanzenkost leistungsfähiger. Dementsprechend leiden Vegetarier meistens weniger an Proteinmangel als die typischen Fleisch- und Wurstkonsumenten.

Darmschleimhaut – groß wie ein Tennisplatz

Die sogenannten Epithelzellen der Darmschleimhaut leben nur wenige Tage und sterben dann ab und werden durch neue ersetzt. Genau so wie alle anderen Schleimhautzellen auch, die ständig mit Krankheitserregern der Außenwelt in Berührung kommen, also mit Nahrungsbrei, Atemluft usw. Die Schleimhaut eines gesund ernährten Menschen sieht unter dem Mikroskop so üppig aus wie der Amazonas-Dschungel – vollgepackt mit sogenannten Mikrovilli, Zotten, Erhebungen, Vertiefungen, die dazu dienen, der Darmschleimhaut mehr Oberfläche zu verleihen. Damit auch wirklich jedes Nährstoffmolekül die Chance bekommt, mit der Schleimhaut Kontakt aufzunehmen und durch sie hindurch in die Blutbahnen und zu den Körperzellen zu gelangen. Wenn man die Darmschleimhaut eines gesunden Menschen ausbreiten könnte, wäre sie so groß wie ein Tennisplatz. Wenn wir uns nun vorstellen, daß eine Mahlzeit aus Kartoffeln, Spinat und Eiern wie ein hauchdünner Film auf dieser riesigen Fläche aufgetragen wird, wird schon klar, wie wichtig der Darm für unsere Gesundheit ist – und speziell auch für die Versorgung der Gehirn- und Nervenzellen mit Eiweißbausteinen, den wichtigsten Rohstoffen für die Erzeugung von Glückshormonen.

Bei einem gesunden Darm mit seiner enormen Gesamtfläche hat wirklich jedes Nährstoffmolekül, ob Fettsäure, Glukose oder Vitamin, die Chance, mit der Schleimhaut Berührung aufzunehmen und durch eines der feinen wassergefüllten Kanälchen ins Labyrinth der Blutgefäße vorzudringen.

INFO GESUNDHEIT

Schon mit der Umstellung von Fleisch auf Fisch bereiten wir unseren Gehirn- und Nervenzellen eine Riesenfreude. Makrelen, Hering, Forelle & Co. sind nämlich proppevoll mit genau den Nährstoffen, die für einen vitalen Psycho-Schub sorgen. Nicht nur enorm reich an bestem Glücksstoff-Eiweiß, sondern auch an kostbaren Fettsäuren. Da freuen sich unsere vielen Milliarden Neuronen.

Die Darmschleimhaut eines gesunden Menschen schilfert pro Tag etwa 200 bis 250 Gramm Epithelzellen ab. Die bestehen vorwiegend aus Eiweiß, gelangen in den Verdauungssaft und werden dort durch Enzyme abgebaut. Aus ihrer Verwertung gelangen bis zu 60 oder gar 70 Gramm bioaktives Eiweiß in Form von Aminosäuren wieder in den Stoffwechsel zurück, rund drei Viertel des täglichen Gesamtbedarfs.

So wird eine gesunde Darmschleimhaut also zum Hauptlieferanten für Zellproteine.

Fisch ist gesünder als Fleisch

Dies liegt vor allem daran, daß Fisch kompakteres Eiweiß und andere Fette enthält als Fleisch. Die in Geflügel, Rind-, Kalb- oder Schweinefleisch enthaltenen Fette sind vorwiegend gesättigt und deshalb im Stoffwechsel träge. Sie werden im Körper als Triglyzeride entweder in Muskelzellen zu Energie verbrannt oder im Fettgewebe gespeichert.

Die in Fisch enthaltenen Lipide sind ungesättigt und deshalb im Stoffwechsel reaktionsfreudig. Vor allem in Kaltwasserfisch dienen sie dazu, das Blut auch bei extrem niedrigen Temperaturen dünnflüssig zu halten, damit es nicht gefriert. Diese Eigenschaften üben die mehrfach ungesättigten Omega-3-Fettsäuren auch in unserem Stoffwechsel aus.

Hinzu kommt, daß diese feinen, verletzlichen Fettsäuren in unseren Nerven- und Gehirnzellen eine bedeutende Rolle spielen. So etwa beim Aufbau der Myelin-Schicht, der Schutzmembran dieser Zellen. Sie müssen fettreich sein, um iso-

lierend zu wirken. Anders könnten elektrische Nervensignale gar nicht übermittelt werden. Neuronen von Menschen, die sich gesund ernähren, sind umpackt von bis zu 100 fettreichen Schichten. Omega-3-Fettsäuren haben hier die zusätzliche Aufgabe, das Cholesterin, Hauptbestandteil dieser Hüllen, vor der Oxidation, also dem Ranzigwerden, zu schützen.

Die Gene und Zellen, die zum Aufbau der Myelin-Hüllen gebraucht werden, hat die Natur erst ganz am Schluß ihrer Milliarden Jahre langen Evolution entworfen. Sie zählen also zu den jüngsten in der Entstehungsgeschichte der Natur, waren Voraussetzung für die Entwicklung unseres menschlichen Bewußtseins und Glücksempfindens. Damit unser Glückssystem optimal funktioniert, benötigt unser Gehirn erhebliche Mengen an wertvollen Lipiden, wie sie uns die Seefische liefern. Darüber hinaus sind auch Pflanzen beste Lieferanten an Omega-3-Fettsäuren, wie zum Beispiel Oliven, Avocado, Hülsenfrüchte, Sojabohnen, Nüsse, Samen oder Kerne. Optimismus und Lebensfreude bestehen also nicht nur aus Eiweiß, sondern auch aus biologisch aktiven Hilfsstoffen.

Mit Depotspeck aus gesättigten Fetten kann unser Gehirn leider nichts anfangen. Es hat einen ganz anderen Bedarf an Fettsäuren als etwa Muskelzellen.

Streß frißt unser Glückseiweiß

Ein gesundes Maß an Streß, an mentaler und körperlicher Aktivität, ist unerläßlich, um den Alltag zu meistern. Zuwenig Streß macht träge und dick, geistig unbeweglich, ist also auch nicht unbedingt

GUT ZU WISSEN

Unser Organismus ist Dauerstreß nicht gewachsen. Hektik von früh bis spät, Probleme, Kummer, Sorgen, Konflikte – da senken unsere Psycho-Gene irgendwann mentale Müdigkeit über uns, um uns zu schützen. Ist ja auch verständlich ...

GUT ZU WISSEN

Erstaunliches Wachstumshormon

- Nachts, wenn wir schlafen und träumen, ist die beste Zeit, unser Gewebe zu verjüngen. Die Zellen werden dann ja wenig belastet. Die Hirnanhangdrüse bleibt trotzdem aktiv, sie produziert jetzt freilich weniger Wachhormone als solche, die Zellen reparieren und regenerieren. Immer dann, wenn die kleine Drüse wieder einige Millionen Moleküle Wachstumshormon hergestellt hat, öffnet sie winzige Türchen und pulst diese Hormone in die Blutbahn hinaus.

- Das Wachstumshormonmolekül besteht aus stattlichen 189 Aminosäuren. Wenn man im Laufe einer Nacht viele Billionen davon herstellen möchte, braucht man also eine ganze Menge solcher Eiweißbausteine. Doch damit nicht genug. An der Synthese jedes einzelnen Moleküls ist Vitamin C beteiligt, als Enzymspender. Die Kombination von Vitamin C und Eiweiß wird demnach nachts zur Fabrik für Lebensfreude. Wenn wir morgens frohgemut vor den Badezimmerspiegel treten, ist dies eine Folge des Zusammenwirkens zweier bedeutender Jungmacher unter den Nährstoffen: Eiweiß und Vitamin C.

- Am frühen Morgen, wenn unsere Zellen noch schlafen, erwachen die Vögel als erste, aufgeweckt von den ersten zarten Photonen in einem noch schwarzen Nachthimmel. Auch Pflanzen registrieren diese noch unsichtbaren Sonnenstrahlen bereits, ebenso wie unsere Hirnanhangdrüse, die Hypophyse. Sie betätigt jetzt einen feinen Schalter, drosselt die Synthese von Wachstumshormon und schaltet um auf ACTH, das belebt und euphorisierend auf den beginnenden Tag einstimmt.

gesund. Zuviel Streß raubt dem Körper aber wertvolle Nährstoffe, insbesondere Eiweiß, das dann für die Zubereitung der Glückshormone in unserer Gehirnküche fehlt. Deshalb entscheidet nicht allein der Nahrungsbrei in Magen und Darm über die Quantität an Optimismus, sondern auch das Maß an Streß, dem wir uns tagaus, tagein unterwerfen. Streß ist auf vielerlei Weise ein Eiweißräuber:

- Er stimuliert die Produktion von Streßhormonen, die weitgehend aus Eiweiß bestehen,
- er plündert bei Proteinmangel die Eiweißreserven im Bindegewebe aus,
- und er verengt Gefäße, wodurch die Eiweißgewinnung aus dem Nahrungsbrei gedrosselt wird.

Gehirn- und Nervenzellen sind dann selber ganz unglücklich, wenn sie nicht mehr ausreichend Aminosäuren aus dem Blut fischen können, um daraus Glücksboten zu basteln. Deshalb sind massiv gestreßte Menschen oft nervlich belastet und neigen zu depressiven Verstimmungen.

Wunderwaffe Vitamin C

Mit dem Rohstoff Eiweiß allein können Neuronen auch nicht viel anfangen. Da geht es ihnen nicht anders als einer Hausfrau, die einen Herd mit heizbaren Kochplatten benötigt. Und außerdem Zutaten, mit denen sie aus der Kalbsleber vom Metzger ein schmackhaftes Gericht zaubert. Um aus Eiweißbausteinen Glückshormone zu machen, sind Neuronen auf die Hilfe vieler Enzyme angewiesen. Dies sind tüchtige Heinzelmännchen im Stoffwechsel, die für chemische Reaktionen sorgen. Mit klitzekleinen Scheren können sie beispielsweise Moleküle zertrennen. Aber ebenso mit winzigen Kettengliedern oder auch mit Klebstoff Moleküle zu neuen Substanzen zusammenfügen.

EMPFEHLUNG

Mit Eiweiß und Vitamin C Glückshormone produzieren

Kombinieren Sie Protein- und Vitamin-C-Spender jeweils zu einer Mahlzeit, oder bringen Sie reichlich Gemüse auf den Tisch, das beides enthält.

Die besten Proteinspender

- Lachs
- Makrele
- Heilbutt
- Kabeljau
- Thunfisch
- Rotbarsch
- Seezunge
- Scholle
- Forelle
- Hummer
- Garnele
- Tintenfisch
- Mageres Muskelfleisch
- Kalter Braten
- Roastbeef
- Magerer Schinken
- Tofu

Die besten Vitamin-C-Spender

- Orangen
- Nektarinen
- Grapefruit
- Zitronen
- Kiwi
- Feigen
- Litchi
- Mango
- Papaya
- Äpfel
- Birnen
- Kirschen
- Pflaumen
- Aprikosen
- Pfirsich
- Mirabellen
- Brombeeren
- Himbeeren
- Erdbeeren
- Heidelbeeren
- Johannisbeeren
- Preiselbeeren
- Weintrauben
- Stachelbeeren

EMPFEHLUNG

Reich an Eiweiß und Vitamin C sind

- Kartoffeln
- Zwiebeln
- Knoblauch
- Meerrettich
- Rettich
- Schwarzwurzeln
- Tomaten
- Auberginen
- Kohl
- Blumenkohl
- Rosenkohl
- Brokkoli
- Spinat
- Mangold
- Rhabarber
- Spargel
- Paprika
- Zucchini
- Gurken
- Erbsen
- Linsen
- Sojabohnen
- Bohnen
- Artischocken

Weil sich in unserem Körper Tag für Tag Trillionen chemischer Reaktionen abspielen, sind auch viele Trillionen solcher Enzyme notwendig. Bestimmte Nährstoffe aus der Natur dienen als Rohstoff für derlei Enzyme, wie zum Beispiel Zink oder Magnesium. Der fürs Nervensystem wohl wichtigste Enzymspender aber ist Vitamin C. Deshalb haben unsere Drüsen, in denen ja unablässig erstaunliche Mengen an Hormonen zusammengeknüpft werden, auch die höchsten Vitamin-C-Konzentrationen im ganzen Körper. Eine ganz besonders geballte Macht für die körpereigene Synthese von viel Daseinsfreude ist Eiweiß + Vitamin C.

Gute Laune über Nacht

Gleich mal ausprobieren – es wirkt! Nachts mehr Wachstumshormon produzieren mit Hilfe von Eiweiß und Vitamin C. Kalifornische Bio-

EMPFEHLUNG

Die besten Kohlenhydratspeicher

- Vollkornbrot
- Vollkornnudeln
- Natur- bzw. Wildreis
- Kartoffeln
- Süßkartoffeln
- Polenta
- Hirse
- Buchweizen
- Dinkel
- Weizen
- Roggen
- Hafer
- Gerste

chemikerinnen haben mit einer verblüffenden Studie bewiesen, wie einfach es ist, gute Laune über Nacht zu produzieren. Sie hatten nämlich herausgefunden, daß viele Menschen ab 40 Jahren immer weniger Wachstumshormon in ihrer Hirnanhangdrüse produzieren.

Und so funktioniert es: Spätabends, unmittelbar vor dem Schlafengehen, ein Häppchen Eiweiß pur essen, 30 Gramm mageres Fleisch (kalter Braten, Roastbeef, magerer Schinken), Hähnchen (aber ohne Haut, die ist die reinste Cholesterin-Bombe) oder Fisch (zum Beispiel geräuchertes Forellenfilet). Vegetarier können dafür Tofu nehmen (zum Beispiel ein Tofu-Würstchen aus dem Bioladen).

Dazu den Saft einer frisch ausgepreßten Zitrone trinken. Aber nicht erhitzen! Temperaturen über 42 Grad zerstören das verletzliche Vitamin-Molekül. Noch besser: Zitrone vierteln und das Fruchtfleisch herausessen. Dies schmeckt nur beim ersten Mal sauer, beim zweiten Mal schon gar nicht mehr so sehr. Die im Fruchtfleisch enthaltenen Bioflavonoide, die Pflanzenschutzstoffe, schützen die Vitamin-C-Moleküle im Blut vor freien Radikalen, machen es so bis zum

EMPFEHLUNG

Die zehn besten Frühstücksideen

Zu trinken gibt es Kaffee oder Tee mit Sahne, aber ohne Zucker. Süßstoff ist erlaubt. Außerdem Kräutertee, Milch, Obst- und Gemüsesäfte.

- 30 Gramm Schafs- oder Ziegenkäse, 1 Scheibe kalter Braten, Tomaten- und Gurkenscheibchen, 6 Oliven, 1 hartgekochtes Ei, 1 TL Butter, Kümmel, Paprika, Pfeffer, Salz. Vollkornbrötchen.
- 2 Tofu-Würstchen, in der Pfanne in Butter gebraten, 1 Spiegelei, Salz, Pfeffer. Vollkorntoast.
- 50 Gramm geräuchertes Forellenfilet, Meerrettich, Dill, Butter. Pumpernickel.
- 50 Gramm Krabben (waschen, abtrocknen), Scheibe Ananas in Stücke schneiden, kleine Mangostückchen, Diät-Mayonnaise, alles vermischen. Vollkorntoast mit Butter.
- 50 Gramm Roastbeef, Eischeibchen, Gewürzgurke, Tomatenscheibchen, Diät-Mayonnaise, Butter. Vollkornbrot.
- 50 Gramm Räucherlachs, Dill, Meerrettichsahne (geriebener Meerrettich, Sahne, Salz, Zitronensaft). Pumpernickel.
- 50 Gramm Hühnerleber, in der Pfanne zusammen mit kleinen Apfelscheibchen und/oder Zwiebelstückchen in Öl leicht anbraten. Salz, Majoran. Butter, Vollkornbrötchen.
- Halbe Avocado, mit Pfeffer, Salz und Zitronensaft zu Mus zerquetschen. Butter. Vollkorntoast.
- Scheibe Vollkornbrot mit Butter und Diät-Mayonnaise bestreichen, Scheibe kalter Braten auflegen, mit Tomatenscheiben belegen und mit Schnittlauch bestreuen.
- 50 Gramm magerer Schinken, Mixed Pickles, Butter. Vollkornbrötchen.

EMPFEHLUNG

Die besten Zwischen-Snacks gegen den kleinen Hunger

- Nüsse; Samen, Kerne
- Trockenobst
- Eßkastanien
- Banane
- Datteln
- frische Feigen
- Bohnensalat mit Stückchen kalter Braten, Vollkorntoast
- Melonenscheibe mit magerem Schinken
- Magerquark mit Rosinen und geriebenem Apfel, Zimt und Honig
- Thunfisch aus der Dose, Vollkorntoast
- 30 Gramm Aal, Scheibe Pumpernickel
- Vollkornbrötchen mit Butter und Kaviar
- Miesmuscheln aus der Dose, Knäckebrot
- Matjeshering, Bückling
- Ölsardinen mit Vollkorntoast

Zwanzigfachen wirksamer.

Während wir träumen, können Magen und Darm das Eiweiß verdauen und zu Aminosäuren abbauen. Zusammen mit den kleinen Vitamin-C-Molekülen gelangen diese in die Hirnanhangdrüse, die bereits sehnlichst auf ausreichend Rohstoff für das Wachstumshormon wartet. Die gute Nachricht: Je schlechter sich ein Mensch abends beim Einschlafen fühlt, desto stärker wirkt diese ganz natürliche Glücksdroge.

Proteinreicher Fisch oder Tofu zusammen mit Obst oder Gemüse ist demnach die allerbeste Nerven- und Glücksnahrung. Also ganz einfach nur den Speiseplan umgestalten.

Sattmacher Kohlenhydrate

Um richtig satt zu werden, reichen Eiweiß und Vitamine nicht aus. Deshalb stürzen wir uns – wenn wir mal ziemlich ausgehungert sind – als erstes heißhungrig auf Reis, Nudeln, Kartoffeln oder Brot auf dem Teller. Fleisch oder Fisch bleiben erst einmal unberührt. Dies hat auch seinen Grund: Kohlenhydrate liefern die Glukose, den Blutzucker, ohne den im Stoffwechsel nichts geht. Die besten Kohlenhydratspender für einen steten Zustrom von Blutglukose finden Sie im Kasten auf Seite 106.

Nervenenergie durch Blutzucker

Wenn wir morgens aufwachen, recken sich auch unsere Körperzellen noch ganz schläfrig – und bekommen Appetit auf Glukose. Den Blutzucker saugen sie aus den Arterien, um ihre Zellenergie anzufachen. Wenn aber Blutglukose fehlt oder nur ein paar Molekülkrümel Blutzucker zirkulieren, können Gehirn und Nerven nicht richtig aufwachen und in Schwung kommen.

Dies bedeutet, daß der gesamte Stoffwechsel gewissermaßen weiterschläft, nicht richtig in Fahrt kommt. Mangelsymptome zeigen sich zuerst im Nervensystem: Unsicherheit, Unruhe, Lustlosigkeit, am liebsten würde man weiterschlafen und überhaupt nicht aufstehen. Was fehlt, ist der genetisch eingeplante Spaß am Tagesstreß.

Um morgens gleich richtig und freudig auf Touren zu kommen, braucht der Organismus sein ideales Frühstück. Beste erste Mahlzeit

INFO GESUNDHEIT

Komplexe Kohlenhydrate machen satt und versorgen uns reichlich mit ihren wertvollen Schätzen an natürlichen Nährstoffen. Getreide, Kartoffeln, Gemüse usw. sind demnach Basis einer gesunden Ernährung, Lieblingsfutter unserer Gehirn- und Nervenzellen.

ist eine kleine Obstschale aus kleingeschnittenen Früchten, wie zum Beispiel Banane, Apfel, Kiwi, dazu eine Handvoll Beeren, ein Eßlöffel Nüsse, ein Teelöffel Sonnenblumenkerne, etwas Sahne. Ein solches Vorfrühstück ist wasserreich, es enthält bis zu 80 oder mehr Prozent bestes Nährwasser, angereichert mit Vitaminen, Mineralien, Spurenelementen und Glukose. Die enthaltenen Nährstoffe werden im Eiltempo aus Magen und Dünndarm ins Blut eingeschleust und den rund 70 Billionen Körperzellen zugeführt. So kommt es schon innerhalb von Minuten zu dem Frischeschub, den ein Lebewesen braucht, um sofort fit und unternehmungslustig zu sein.

Doch die enthaltenen Biostoffe sind rasch verbraucht. Und weil der Zellstoffwechsel jetzt schön angeheizt ist, meldet sich eine Stunde nach dieser kleinen Mahlzeit der Hunger. Jetzt endlich geht es ans »richtige« Frühstücken. Die idealen Bestandteile: komplexe Kohlenhydrate, Eiweiß, Vitamine. Ein solches Frühstück sorgt über Stunden hinweg für einen steten Zustrom an Blutglukose, hält also Gehirn und Nerven fit.

Bewegung und Sauerstoff machen froh

Bewegung und Sauerstoff bilden die energetische Grundlage unseres Organismus, beide sind untrennbar miteinander verbunden, wenn es darum geht, möglichst viele Glücksboten zu produzieren. Bewegung pumpt nämlich Sauer-

EMPFEHLUNG

Ideales Bewegungstraining

- Spazierengehen
- flottes Wandern
- aktives Walking (auch mit Stöcken)
- Joggen
- Jazzdance
- Schwimmen
- Radfahren
- Sit ups, Kniebeugen, Rumpfbeugen usw.
- Bergwandern
- Mountain-Bike-Fahren
- Gewichte heben

stoff in die Neuronen, speziell in die winzigen Mitochondrien, die Brennkammern, in denen die belebenden Freudenfeuer entzündet werden. Wer immer nur vorm Fernseher sitzt und sogar zum Zeitungholen vorne an der Ecke ins Auto steigt, läßt seine Gehirn- und Nervenzellen verkümmern.

Entscheidend ist dabei nicht der augenblickliche Energieaufwand, zum Beispiel beim Joggen, Schwimmen oder Mountain-Bike-Fahren, sondern die Energierate im Ruhezustand (ERR). Wer körperlich aktiv ist, hat auch dann eine höhere ERR und somit eine bessere Sauerstoffversorgung der Gehirnzellen, wenn er, bequem auf dem Sofa liegend, vorm Bildschirm einen zu Tränen rührenden Schnulzenfilm anguckt. Das Motto lautet: Wer täglich nur zwischen 10 und 20 Minuten sportlich oder körperlich aktiv ist und so seine körperliche Ausdauer trainiert, darf mit gutem Gewissen die Beine hochlegen. Man weiß nämlich ganz genau: »Meine Energierate ist hoch, mein Gehirn ist gut mit Sauerstoff versorgt.«

Jede Bewegung zählt

Selbst scheinbar nichtige Tätigkeiten wie Kochen, Einkaufen, Staubsaugen oder Kartenspielen erhöhen die Ruherate, wenn auch nur geringfügig. Sie alle sind Streßfaktoren, die auf den Körper einwirken, ganz speziell auf die Muskeln und auf das Nervensystem. Je stärker die Beanspruchung ist, desto stärker steigt anschließend die Ruherate an. Nicht nur Gehirn und Nervensystem sind aktiver, auch das Herz, die Nieren, die Leber und andere Organe.

GUT ZU WISSEN

Was bedeutet eigentlich Aerobic?

- Fitneßtraining sollten wir stets mit viel Sauerstoff, also im sogenannten aeroben Bereich, betreiben. Das heißt, Blut und Zellen verfügen über ausreichend Sauerstoff. Nur so können unsere Muskeln Fett verbrennen.

- Im anaeroben Bereich verheizen Muskelzellen kostbare Glukose, also den Blutzucker, den unsere Gehirn- und Nervenzellen so dringend für die Glücksproduktion benötigen. Man merkt dies am ehesten daran, daß Sport irgendwo weh tut, daß man keucht und schwitzt. Typisches Beispiel ist Gewichtheben, also eine kurze, aber extreme Muskelbeanspruchung.

- Beim aerobischen Jazzdance fühlen wir uns wohl – und unsere Mitochondrien, die winzig kleinen Energiebrennkammern, verbrauchen viel Sauerstoff. Als Folge davon werden sie selbst gefordert, sie nehmen an Anzahl zu, und sie werden größer und damit leistungsfähiger. Glückliche Neuronen pressen unzählige solcher üppiger Mitochondrien an den synaptischen Spalt zu Nachbarnervenzellen, damit viel Energie für das Funken und Weiterleiten von Spaß und Optimismus entsteht.

- Bei wiederholtem aerobischem Training kommt die Energiemaschine dann erst richtig in Schwung. Wir nehmen an Gewicht ab und an Optimismus zu. Den nötigen Sauerstoff tanken wir zum Nulltarif, zum Beispiel auf Waldwegen, vielleicht sogar im Nieselregen. Auch Laufen mit Kopfhörern und Lieblingshits macht Spaß.

In jeder einzelnen Körperzelle steigt die Stoffwechselrate an, stimuliert durch Schilddrüsenhormone, Streßhormone, Synthese von Zellproteinen, Nährstoff- und Wasserversorgung und andere Faktoren. Dabei zählt jede Bewegung, vom moderaten Spazierengehen bis zum forschen Walking.

Im Regen trainieren

Es reichen kurze Trainingseinheiten von drei bis fünf Minuten. Glücksforscher empfehlen Rolltreppen und Aufzüge grundsätzlich nur noch abwärts zu benutzen, die Treppen nach oben jedoch immer zu Fuß nehmen. Dies genügt oft schon, um die Ruherate für den ganzen Tag anzuheben, somit das Gehirn mit dem notwendigen Sauerstoff zu versorgen.

Gehen, Walken oder Laufen sollte man auf weichem Untergrund, also möglichst nicht auf Asphalt oder Beton, weil sonst die Belastung für Gelenke und Fußapparat zu groß ist. Außerdem ist auf Waldwegen das Sauerstoffangebot oft zwanzig Mal höher als bei einer flotten Kurzwanderung in der Stadt um ein paar Häuserblocks herum. Bäume atmen bekanntermaßen viel Sauerstoff aus. Deshalb kann drei Minuten langes dynamisches Joggen im Wald dem Gehirn- und Nervensystem mehr nützen als eine halbe Stunde Dahinschreiten auf gepflasterten Gehwegen.

Am meisten freuen sich unsere Gehirn- und Nervenzellen, wenn wir bei Regen oder im Schneegestöber vor die Tür treten, um eine kurze flotte Wanderung anzutreten. Niederschläge bringen nämlich viel Sauerstoff mit sich. Man

GUT ZU WISSEN

Regen bringt Sauerstoff aus dem Himmel und auch gleich direkt in unser Gehirn. Vorausgesetzt freilich, wir tanken diesen Lebenswichtigen Nährstoff auch bei ausgiebigen Spaziergängen. Eine Waldwanderung im oder nach dem Regen ist eine wahre Sauerstoffdusche.

atmet also intensiver, und die Luft ist auch noch reicher an Sauerstoff. Gleichzeitig produziert der Körper mehr Wärme gegen die eindringende Kälte, ein Vorgang, den Wissenschaftler als Thermogenesis bezeichnen. Der Organismus wird dabei besser durchblutet und baut außerdem mehr Fett ab.

Glückshormone durch Musik

Neuester Hit aus Kalifornien ist die körpereigene Synthese beglückender Transmittermoleküle mit Hilfe der Musik. Daß melodische Oldies und peppige Songs mitreißen und die Stimmung heben, ist ja bekannt.

EMPFEHLUNG

Jazzdance mit Musik läßt sich trefflich mit den kleinen bunten Hand- und umschnallbaren Fußhanteln machen. Probieren Sie es einfach mal aus. Man kann sie im Sportfachgeschäft kaufen. Der Vorteil: gleiche Fitneßwirkung bei kürzerer Trainingszeit.

Wissenschaftler sind nun dem Rätsel dieser verblüffend wirksamen Euphoriequelle nachgegangen und haben die Ursache herausgefunden: Rhythmische, wohlklingende Musik stimuliert das Nervengewebe zur Produktion von Beta-Endorphin, dem Peptid für Euphorie. Die beste Nachricht: Die Kombination von Tanz und Musik aktiviert noch mehr körpereigene Freudenhormone.

Auch dies ist freilich längst bekannt: Tanzen, Singen, Musik hören, sich flotten Rhythmen hingeben macht Spaß. Biochemisch läßt sich ein solcher Vorgang auf nur wenige Minuten komprimieren. Das Rezept: Discman umgeschnallt, Kopfhörer auf, Musik an – und los geht es mit Lieblingshits und Tanzschritten quer durchs Wohnzimmer. In kaum einer anderen »Sportart« lassen sich Muskeln, Gelenke und Psyche so spielerisch trainieren wie beim aerobischen Jazztanz mit Kopfhörern bei offenem Fenster im Zimmer, auf der Terrasse oder dem Balkon. Dabei muß man nicht unbedingt tanzen, auch Stretching oder jede Form von Gymnastik macht mit Musik im Ohr mehr Spaß.

Wunderdroge Beta-Endorphin

Dieser einzigartige Biostoff ist so etwas wie körpereigenes und dann auch noch gesundes Rauschgift. Er bindet sich an dieselben Rezeptoren an Zellen wie Morphin, ein pflanzliches Alkaloid, das berauscht und gegebenenfalls betäubt. Deshalb stimmt auch Beta-Endorphin euphorisch, und es senkt die Schmerzschwelle.

Beta-Endorphin spaltet sich aus einem großen Eiweißmolekül mit der Bezeichnung POMC ab. Dieses sogenannte Prohormon besteht aus 265 Aminosäuren und wird in der Hirnanhangdrüse gebildet, aus ihm gehen auch das Weckhormon ACTH und andere Eiweißfragmente hervor – je nachdem, an welchen Stellen kleine Enzyme, sogenannte Proteasen, das große POMC-Protein durchschneiden. Da kann es also durchaus geschehen, daß ein recht unglücklicher Zeitgenosse morgens und auch tagsüber viel ACTH produziert, aber wenig oder kaum glückbringendes Beta-Endorphin. Statt dessen entstehen Alpha- und Gamma-Endorphin, die leider nicht so fröhlich stimmen.

GUT ZU WISSEN

Niedrige Grundkonzentrationen an Beta-Endorphin sind deshalb von Vorteil, weil die Werte dieses Neuropeptids dann stärker nach oben anschwellen können. Eine entsprechend hohe Amplitude sorgt für das Euphorieerlebnis und auch für mehr Kreativität und Spaß beim Streß.

Die Natur meint es immer gut

Welche Art von Endorphinen nun in uns entstehen soll, können wir gottlob beeinflussen. Bei Fehlernährung, zuviel Streß und mangelnder Bewegung synthetisiert unser Nervenstoffwechsel im Auftrag der Natur weniger Beta-Endorphin. Damit will uns die gütige Natur davor bewahren, daß wir mit schlecht ausgerüsteten Nervenzel-

EMPFEHLUNG

Bewegung, Sauerstoff und Eiweißbausteine sind gleichermaßen für die körpereigene Produktion von Beta-Endorphin notwendig. Je öfter dieser Glücksstoff in unserem Körper synthetisiert wird, desto leichter läßt er sich immer wieder zum Leben erwecken. Zum Beispiel durch Joggen, Walking, Radfahren usw.

len Herausforderungen im Alltag annehmen, denen wir möglicherweise nicht gewachsen sind. Gesunde Kost, viel Bewegung und Sauerstoff und ausreichend Ruhe und Schlaf hingegen stimulieren die Produktion von viel Beta-Endorphin und jeder Menge Optimismus und Lebensglück.

Das Beispiel Beta-Endorphin zeigt uns besonders deutlich, wie schlicht und einfach die Natur im Zusammenwirken mit unseren Genen und unserem Stoffwechsel unser Wohlergehen kontrolliert und reguliert. Ein froher, zuversichtlicher Mensch zu sein ist also im Prinzip ganz einfach.

Beta-Endorphin wirkt stets nur im Entstehen

Es ist ein flüchtiges Peptid, scheu und verletzlich. So wie Glück eben manchmal ist. Aber es ist einer jener Biostoffe, die das Leben lebenswert machen. Wenn Kühe auf der Weide liegen und das gefressene Gras wiederkäuen, setzen sie mittels eines speziellen Enzyms süß schmeckende und kerngesunde Glukose frei und sind so richtig schön glücklich. Kühe tun nichts lieber als in einer Wiese liegen, wiederkäuen und Süßes auf Zunge und Gaumen haben. Zugvögel wie Schwalben oder Enten lieben es, lange Distanzen flügelschlagend hoch in der Luft zu durchmessen, denn ihr Organismus produziert dabei jede Menge Beta-Endorphin, das euphorisch macht. Sie befinden sich in einem rauschhaften Zustand. Nicht anders als ein Leitwolf, der in sibirischer Eiseskälte auf der Beutesuche für sein Rudel ist. Wenn sein Körper nicht viel Opiat-Peptide von der Art Beta-Endorphins liefern würde, würde ihm der Job keinen großen Spaß bereiten.

Nicht anders ist es bei uns Menschen. Konstant wiederholte Streßphasen stimulieren die Synthese und den Ausstoß des körpereigenen Rauschgifts Beta-Endorphin. Aus einem niederen sogenannten Basalwert heraus. Entscheidend ist nicht die Konzentration, sondern der Anstieg, das rasche Anschwellen beim Ausstoß dieses großartigen Eiweißstoffs.

So ist Glück niemals etwas fest Bestehendes, sondern in jedem Fall etwas Entstehendes, Flüchtiges – oft nur für den Augenblick empfunden. Es kommt und geht. Wichtig ist die Fähigkeit zur spontanen Bereitstellung von Beta-Endorphin.

Kreativ durch 31 Aminosäuren

Nicht nur Laufen oder Ausdauersportarten stimulieren die Freisetzung von Beta-Endorphin, sondern auch Kreativität, wie zum Beispiel Zeichnen, Malen, Musik machen, Gedichte schreiben, irgend etwas gestalten, beruflich oder daheim. Einkaufen, das Mittagessen oder die Urlaubsreise planen, den Garten verschönern können ebenso kreativ sein und zu einem Ausstoß an Beta-Endorphin führen. Auch die liebevolle Hinwendung, Fürsorge zum Beispiel für ein Kind oder Enkelkind, produziert dieses Opiat-Peptid im eigenen Körper. Dasselbe gilt für kniffliges Gehirntraining, wie Schach spielen, Kreuzworträtsel lösen usw. Es ist praktisch zu jeder Tageszeit Gelegenheit vorhanden, seine winzigen Beta-Endorphin-Motoren zu starten und froh zu sein. Dieses Glückshormon ist also so etwas wie Belohnung dafür, daß wir mental oder körperlich aktiv sind.

Beta-Endorphin besteht aus 31 Eiweißbausteinen, es wird von der Hirnanhangdrüse in den Blutstrom abgegeben, aber auch innerhalb des Gehirns über Nervenfasern übertragen. Diese Doppelfunktion macht es unter anderem so einzigartig. Das Nervenpeptid regt die Zellteilung im Hippocampus an, einem Teil des Gehirns, in dem unter anderem unsere Empfindungen und Gefühle entstehen. Beta-Endorphin stimuliert außerdem die

Aufnahme von Blutzucker in Muskeln, speziell im Ruhezustand, also etwa nach einer Bergwanderung oder nach einer Kraftübung im Fitneßstudio. Es kann also Menschen mit sogenannter Glukose-Intoleranz oder Diabetes vom Typ 2 helfen, bei denen die im Blut zirkulierende Glukose nur eingeschränkt in die Zielzellen eindringt.

Wie aus Teilnahmslosigkeit Glück entsteht

Auf Partys, Kaffeekränzchen oder anderweitig im privaten Beieinander erleben wir es immer wieder, daß ein Mensch kaum am Gespräch teilnimmt, aber dann plötzlich – auf ein Stichwort oder Thema hin – ein enormes Feuer entwickelt, Charme und Charisma ausstrahlt und eine ganz andere Persönlichkeit entfaltet. Ursache ist die Fähigkeit, praktisch aus dem Nichts, aus einem niedrigen Grundwert heraus, viel Beta-Endorphin zu produzieren.

Dieser Qualität verdanken alle Künstler oder sonstigen Kreativen ihre Produkte oder Erfolge. So kann auch ein Mauerblümchen in der Disco auf einmal Glanz versprühen und zum Mittelpunkt werden. In einem mentalen Phlegma schlummert oft eine ganz andere Persönlichkeit, die durch Beta-Endorphin aufgeweckt werden kann.

Voraussetzung sind körperliche

Bewegung und mentale Beschäftigung. Beta-Endorphin hat nur eine extrem kurze Halbwertzeit von wenigen Sekunden, das Peptid wird also in diesem kurzen Zeitraum von Enzymen abgebaut und unbrauchbar gemacht. Ein anderes Glückshormon, Noradrenalin, verlängert allerdings diese Halbwertzeit erheblich, verlängert also Phasen von Frohmut, Heiterkeit und Begeisterung. Das ist ein Beispiel dafür, wie eng vernetzt alle Systeme in unserem Organismus sind, die uns mit Lebensfreude und Zuversicht erfüllen.

Warum Schlaf und Ruhe so wichtig sind

Um die Geheimnisse unseres Körpers und unserer Seele zu begreifen, sollten wir uns selbst als Einheit sehen – und nicht immer nur als mehr oder weniger zufälliges Gefüge aus Einzelteilen wie Armen, Beinen, Kopf, Gelenken, Organen, Adern, Gehirn usw. Wenn unsere Fußnägel brüchig werden, steckt die Ursache nicht im Nagel, sondern irgendwo sonst im Körper, vielleicht in einem mangelhaft funktionierenden Darm.

Wenn starke Raucher Fältchen über der Oberlippe kriegen, ist nicht das Bindegewebe an dieser Stelle krank, sondern die Ursache ist das Nikotin, das dem Organismus für die Entgiftung jenes Vitamin C raubt, das Kollagenzellen für den Bau von gesundem Gewebe brauchen. Wenn das Herz Probleme bereitet, steckt die Ursache meist in verengten Adern. Wenn wir ein Ekzem oder andere Hauterscheinungen haben, kann eine ungenügende Eiweißverwertung im Körper die Ursache sein.

Symptome erscheinen also nicht unbedingt genau an dem Ort, an dem die Ursache sitzt. Ursachen für mangelndes Wohlbefinden oder Wehwehchen aller Art verstecken sich gern. Eine der Hauptursachen für Befindlichkeitsstörungen, Beschwerden und eine unglückliche Stimmungslage ist mangelnder Schlaf bzw. zu wenig Muße und Ruhe. Spätestens ab dem Jahr 2005 lautet eine der wichtigsten Erkenntnisse moderner Zellforscher: Essen und trinken ist immer nur eine Hälfte der Ernährung. Die andere Hälfte besteht aus Entspannung, Ruhe- und Schlafphasen.

Zwei gegensätzliche Nervensysteme

Unsere liebe Natur macht sich wirklich Sorgen um uns. Sie stattet uns mit viel Kraft aus, damit wir auch gut über den Tag kommen. Aber wenn unsere Zellkräfte erschöpft sind, macht sie uns absichtlich müde, damit wir nicht auch noch unsere letzten Reserven opfern und am Ende vielleicht gar nicht mehr lebensfähig sind.

So hat sie im Laufe der Jahrmillionen schließlich zwei Nervensysteme entwickelt: eines, mit dem wir den Alltag meistern, und eines, unter dem sich unser gestreßter Organismus wieder erholen kann. Wissenschaftler bezeichnen sie als sympathisches vegetatives und parasympathisches vegetatives Nervensystem. Sie charakterisieren den Wechsel von Aktivität und Schlaf, den es in der Natur seit jeher gibt – bei Pflanzen übrigens ebenso wie bei Tieren und Menschen.

Um ein optimistischer Mensch zu sein, müssen wir unseren Alltag diesen Systemen konsequent unterordnen. Kein Mensch kann stundenlang über einen Witz lachen oder den ganzen Tag jubeln. Auch Neuronen sind irgendwann erschöpft, brauchen Ruhe, um ihre kleinen Vesikel-Bläschen wieder mit Glückshormonen aufzufüllen. Viele Menschen werden nur deshalb unglücklich, weil sie nicht auf die Trennung von Schlaf- und Streßphasen achten.

Nächtlicher Kummerstreß

Beide Systeme wirken also gegensätzlich. Tiere beherrschen diese Wechsel instinktiv perfekt. Sie schlafen innerhalb von drei Sekunden ein und wachen innerhalb von Zehntelsekunden auf. Dies müssen sie auch, weil sie mit der ersten Regung eventuell Gefahr laufen, sich als Beutetier zu verraten und gefressen zu werden. Bis zur letz-

GUT ZU WISSEN

Streß und Ruhe im gesunden Wechsel

Das sympathische vegetative Nervensystem

- erhöht die Herzfrequenz
- verengt Gefäße
- hemmt Magen- und Darmtätigkeit
- hemmt Libido und Orgasmusfähigkeit
- steigert die Ausschüttung von Streßhormonen
- regt die Schilddrüse an
- hemmt die Insulinausschüttung. Dies bedeutet, daß Nährstoffe aus dem Nahrungsbrei im Darm nicht optimal verwertet werden.

Das parasympathische vegetative Nervensystem

- erniedrigt die Herzfrequenz
- erweitert Gefäße
- regt Magen- und Darmtätigkeit an
- steigert Libido und Orgasmusfähigkeit
- hemmt die Schilddrüsenfunktion
- regt die Insulinausschüttung an. Dies bedeutet, daß im Schlaf- oder Ruhezustand die Körperzellen besser mit Nährstoffen versorgt werden.

ten Sekunde ihrer Schlafphase haben sich aber ihre Neuronen im Schutz des Parasympathikus erholt und Rohstoff für Lebensmut und mentale Kraft getankt. So verfügen Tiere im Streßzustand stets über ein reiches Arsenal an Glückshormonen, mit deren Hilfe sie Herausforderungen annehmen und kraftvoll bewältigen.

Bei uns Menschen verhält sich dies anders. Nachts dringen Konflikte, Sorgen, Kummer und Probleme in uns ein, mentaler Streß, der Gehirn- und Nervenzellen ausplündert. Wenn die Mama mittags nach dem Abwasch meint, sich mal eine Stunde lang auf dem Sofa so richtig entspannen zu können – es wird nichts draus. Denn unablässig kreisen die Gedanken: »Um zwei Uhr muß ich die Tochter vom Flötenunterricht abholen, um halb vier den Sohn zum Basketballtraining bringen. Dann darf ich nicht vergessen, bei der Reinigung vorbeizufahren, außerdem eine Geburtstagskarte für Omi zu besorgen ...«

Katzen machen es uns vor – versuchen Sie doch auch einmal, so entspannt zu schlafen.

Von Tieren lernen

Wir Menschen kommen nie richtig zur Ruhe. Und was noch schlimmer ist: Sympathikus und Parasympathikus überlappen sich, Ruhe- und Streßphasen gehen ineinander über, vermischen sich, es gibt keine konsequente Trennung der beiden Systeme mehr. So wird Nahrung schlecht verwertet, das Gewebe kann sich nicht verjüngen, die Liebe macht keinen Spaß mehr, Glückshormone sind Mangelware.

Wir können von den kleinsten Tieren unendlich viel lernen. Manchmal fällt uns auf, daß eine Fliege bereits seit einer Stunde wie tot an der Wand klebt. Warum tut sie dies? Weil sie vorher eine Stunde lang im wilden Zickzackkurs durch die Gegend geflogen ist, in jeder Sekunde hochkonzentriert,

nicht gefressen zu werden, gleichzeitig auf der wachen Suche nach Futter für ihren kleinen Körper. Kaum klebt sie an der Wand, kippt ihr sympathisches vegetatives Nervensystem in den Parasympathikus. Vom Streß in die Erholungsphase. Keine Sekunde wertvoller Zeit im Existenzkampf wird da vergeudet. Wir aber wälzen uns nachts unruhig im Bett, der Schlaf will und will sich nicht einstellen. Morgens wachen wir mitunter wie gerädert auf, unfähig uns über den schönen sonnigen Morgen zu freuen.

Den inneren Frieden finden

Daß Meditation Geist und Nerven beruhigt, wußten schon die alten Mönche in Tibet. An der University of Southern California in San Diego haben Psychobiologen jetzt nachgewiesen, auf welche Weise Kontemplation und innere Einkehr zur Stimmungslage beitragen können. Mit ganz einfachen Mitteln können wir den kleinen Schalter vom Streß- aufs Ruhesystem umlegen und Körper und Seele entspannen: Ganz allein in die Natur oder einen Park gehen und zwanzig Minuten oder eine halbe Stunde lang völlig in sich versunken dem Murmeln eines Baches lauschen oder zusehen, wie Wolken am Himmel dahinziehen oder wie sich die Wipfel der Bäume im Wind wiegen oder dem Vogelgezwitscher lauschen oder ganz einfach nur auf eine grüne Wiese gucken.

In diesem Zustand kommt es zur sogenannten Assimilation. Herz-Kreislauf und Puls werden gedrosselt, ebenso die Hirntätig-

EMPFEHLUNG

Meditation ist eine ideale Methode, um zu Entspannung und inneren Frieden zu finden. Nicht umsonst werden »Body & Mind«-Techniken bei uns immer beliebter. Sie bieten einen Ausweg aus einem psychischen Dilemma, in dem viele Männer und Frauen streßbedingt stecken. Lesen Sie mehr darüber in den anschließenden Kapiteln.

keit beruhigt. Während sich Adern weiten, wird die Verdauung angeregt, es kommt zu einem Frischeschub an Vitaminen, Eiweiß, Spurenelementen oder Glukose ins Blut und zu den Körperzellen.

Das Faszinierende dabei: Wenn man anschließend nach Hause geht, fühlt man sich seelisch entspannt und gleichzeitig körperlich vitalisiert. Gehirn- und Nervenzellen haben ihre kleinen Depots aufgefüllt, man reagiert wieder heiterer auf die Ereignisse des Alltags.

Schlafen wie im Traum

Auch glückproduzierende Zellen brauchen ihren Schlaf. Sie müssen sich erholen, regenerieren und verjüngen. So können sie morgens nach dem Aufwachen vorm Badezimmerspiegel schon wieder Frohsinn spenden. Viele Menschen quälen sich mit Ein- und Durchschlafproblemen. Dabei hat die Natur gerade die Schlafmechanismen so einfach gestaltet – Beweis dafür, wie wichtig die nächtliche Zellerholung ist. Bei Dunkelheit schließen ja nicht nur die meisten Tiere, sondern – im übertragenen Sinn – auch die Pflanzen ihre Augen bzw. Kelche.

Die Wach-Schlaf-Schaltung funktioniert über eine geringfügige Ausweitung der Gefäße. Dadurch versackt etwas Blut, der Blutdruck sinkt ab, ebenso der Muskeltonus, also die Spannung im Muskelapparat. Muskeln erschlaffen also – und das Sandmännchen kommt.

Diesen Mechanismus hat die Natur schon vor vielen Millionen Jahren eingerichtet. Er funktioniert bei Tieren und bei Menschen.

Einschlafen leicht gemacht

Das Abendessen sollte kohlenhydratreich sein, möglicherweise gesüßt. Ideal: Grießpudding, Pflaumenauflauf, Hefenudeln mit Vanillesoße, Kaiserschmarrn, Butterbrot mit Honig, Bananenmilch mit Melasse. Als kleine Einschlafhilfe ist Süßes also ausnahmsweise erlaubt. Der Grund: Die darin enthaltene schnellösliche Glukose strömt rasch ins Blut und stimuliert gleichzeitig die Ausschüttung des Hormons Insulin aus der Bauchspeicheldrüse. Insulin weitet die Gefäße geringfügig, um den Nährstofftransport zu den Zellen zu erleichtern, stimuliert somit das Umkippen vom Wachzustand in den Schlaf. Zu umfangreich sollte die letzte Mahlzeit des Tages allerdings nicht sein. Denn sonst ist der Energieaufwand für Verdauung und Verstoffwechslung zu groß, was das Einschlafen wieder erschwert.

Im Prinzip gilt: morgens gut frühstücken, mittags eine gesunde Hauptmahlzeit – und abends möglichst wenig essen.

Ein Glas Bier am Abend kann beim Einschlafen helfen. Bier ist reich an Kohlenhydraten, führt somit zu einem Insulinausstoß, erweitert die Gefäße und macht müde. Ein leckerer Schlummertrunk ist auch ein Glas Milch mit zwei Löffeln Honig. Ein Gute-Nacht-Betthupferl, das erlaubt ist und wirkt.

EMPFEHLUNG

Nicht mit verengten Adern ins Bett

Also alles meiden, was dazu führt, daß sich Gefäße verengen. Denn genau dies führt zu Schlafproblemen. Deshalb beachten Sie bitte folgendes:

- keine Zigaretten
- keinen Kaffee
- keine Cola
- keine salzhaltigen Lebensmittel
- keinen Streß
- spätabends keinen Sport
- eiweißreiche Hauptmahlzeiten nicht abends einnehmen
- keine Probleme wälzen

Glück ist ein Gemeinschafts-produkt des Körpers

Eine positive Stimmungslage, Freude und Optimismus entstehen immer in Zusammenarbeit des gesamten Organismus. Ohne das gute Funktionieren von Darm, Blut, Leber oder Lunge, die Tag und Nacht in unserem Körper Schwerstarbeit leisten, erhalten die glückspendenden Neuronen im Gehirn keine Nährstoffe und keinen Sauerstoff und müssen deshalb die Arbeit niederlegen. Dann fühlen wir uns müde und ausgelaugt; jegliche Spannkraft geht uns verloren – und auch der Spaß am Leben.

Ernährung allein ist jedoch nur ein Teil der Zellversorgung in Gehirn und Nervensystem. Ebenso wichtig sind Bewegung und Ruhe, der augewogenen Rhythmus von Anspannung und Entspannung. Ausreichende Bewegung vermitteln schon die ganz »normalen Sportarten«: Wandern, Radfahren, Schwimmen – oder auch der tägliche Spaziergang.

Im Zusammenwirken dieser drei Komponenten entstehen alle Freuden im Leben, eine dauerhafte Harmonie und unbegrenzter Optimismus.

PRAXIS-RATGEBER

DAS 24-STUNDEN-GLÜCKS-PROGRAMM

Motto: Erst einmal ein Gefühl von Liebe und Fürsorge entwickeln für die vielen Milliarden winziger Nerven- und Gehirnzellen in unserem Körper. Denn die sind – wie kleine Kinder – vollkommen davon abhängig, wie wir sie behandeln, füttern oder auch belasten. Das 24-Stunden-Programm ist eine Anleitung für den verantwortungsbewußten Umgang mit der eigenen Psyche. Es gibt aber auch eine Belohnung: Schon am nächsten Morgen fühlen wir uns mental besser.

Das 1. Frühstück

Diesmal geht es nicht um die Frage »Was schmeckt uns am besten?«, sondern um die Bedürfnisse hungriger kleiner Gehirnzellen. Was wünschen die sich sehnlichst? Ganz genau! Zunächst einmal einen Frischeschub an Blutzucker, der sie mit Energie für den beginnenden Tag befeuert. Außerdem viel Wasser, um sich damit üppig vollzusaugen. Und möglichst viele Vitamine und Spurenelemente dürfen auch dabei sein. Die bilden gemeinsam sogenannte Co-Enzyme, die in den Zellen wichtige Stoffwechselreaktionen vorbereiten. So z. B für die Produktion von vielen Glückshormonen.

Was gibt es danach? Eine kleine Früchteschale oder große Tasse mit klein geschnittenem Saisonobst nach Wahl. Dazu 1 oder 2 TL Nüsse oder Studentenfutter, nach Belieben mit etwas Sahne oder Joghurt angerichtet.

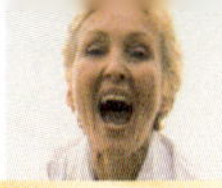

Das 2. Frühstück

Schon seufzen unsere Gehirnzellen: »Wir brauchen Eiweißbausteine, sonst können wir keine Happy-Macher-Moleküle basteln.« Also versorgen wir sie mit einer kleinen eiweißreichen Mahlzeit: eine Scheibe kalter Braten, magerer Schinken oder Roastbeef, oder halbes Forellen-Filet bzw. Thunfisch aus der Dose, eine Scheibe Räuchertofu mit Mayonaise oder ein Tofu-Würstchen. Hähnchenfleisch ohne Haut darf es auch sein, ebenso ein Ei, Tomaten- und Gurkenscheibchen, Oliven. Dazu Vollkornbrot, Pumpernickel, Dinkelbrötchen – die sorgen weiterhin für gleichbleibend gesunden Blutzucker. Trinken darf man Kaffee und Tee, möglichst ohne Zucker.

Nervenzellen brauchen Sauerstoff

In beheizten, schlecht gelüfteten oder von Klimaanlagen beherrschten Räumen fehlt es meist an Sauerstoff, dem Basismolekül für alles Leben auf der Erde. Im durchschnittlichen Großraumbüro sinkt nach spätestens zwei Stunden Arbeit die Leistungsfähigkeit der Mitochondrien, der Energiebrennkammern von Zellen – und damit die Synthese stimmungsaufhellender Hormone.

Sauerstoff kann man aber vortanken, z. B. daheim bei offenem Fenster mit 3-Minuten-Übungen bis zu leichtem Keuchen. Kurze Wege zu Fuß und nicht mit dem Auto machen. Auf Aufzüge und Rolltreppen verzichten. Den Sauerstoff überall dort suchen, wo er sich auch befindet: im Park, Wald oder auch bei aktivem Walking um Häuserblocks herum.

Summieren Sie Ihre persönlichen »Sauerstoff-Minuten«. 20 pro Tag sollten es werden. Ihre glückspendenden Mitochondrien in Nervenzellen wachsen dadurch, saugen mehr Sauerstoff und reichern mehr Enzyme für die Energieversorgung an.

Iß dich glücklich!

Dies bedeutet vor allem: die armen kleinen Gehirnzellen nicht immer wieder enttäuschen und quälen mit schädlichen Lebensmitteln wie Süßem, süßen Getränken, allzu vielen hellen Mehlprodukten (Weißbrot, Pizza, Pasta usw.) und Fettem.

DAS 7-TAGE-GLÜCKS-PROGRAMM

Jetzt lautet das Motto: genetisch leben – also Ernährungs- und Lebensweise an das Programm anpassen, wie es die Natur schon vor Hunderttausenden Jahren in uns bzw. in unsere Vorfahren eingemeißelt hat.

Jeder Verstoß gegen unsere natürlichen Anlagen stört die empfindsamen Mechanismen in unserem Nervensystem. Wie z. B.

- zuviel Unruhe, Hektik oder
- zuwenig Ruhe, Entspannung oder
- ein Darm voller Süßigkeiten und Fettem.

In allen drei Punkten können wir konsequent an uns arbeiten. Neandertaler-Kur nennen es moderne US-Psychobiologen. Also ganz einfach versuchen, möglichst viel von der Lebensweise unserer Urvorfahren in unseren modernen Alltag hineinzutragen.

Manager unserer Glücksproduktion sind nämlich die Gene in unseren Chromosomen. Sie zählen zu den bedeutenden Wundern der Natur. Auch mit ihnen sollten wir uns anfreunden, sie liebgewinnen. Denn sie helfen engagiert mit, uns Lebensfreude und Zuversicht zu spenden.

Auch unser Glück ist genetisch gesteuert

Die Synthese von Glückshormonen in Neuronen wird ebenfalls genetisch stimuliert. Diesen Job übernimmt rund ein Dutzend der in den Chromosomen-Sprossen eingebundenen Gene. Auch die Ausschüttung der Neurotransmitter bzw. die Übermittlung von Glücksimpulsen wird aus den Chromosomen heraus aktiviert.

Dies funktioniert nur dann zu hundert Prozent, wenn den Genen bzw. dem gesamten Neuron sämtliche Nährstoffe zur Verfügung stehen, die es benötigt, also z. B. Aminosäuren, Blutzucker, Vitamin C, Sauerstoff, Wasser und viele andere Biosubstanzen. Wenn nur *ein* solcher Nährstoff fehlt, wird die Herstellung der Happy-Macher innerhalb Sekunden gedrosselt. Daher rühren auch unsere Stimmungsschwankungen.

GUT ZU WISSEN

Wunderwelt unserer Gene

- Im Kern jeder unserer Zellen gibt es jeweils 46 Chromosomen, 23 haben wir von der Mama geerbt und 23 von unserem Vater, sie enthalten also alle Erbanlagen.
- Chromosomen sind Molekülfäden, die als Desoxyribonukleinsäuren (DNS) bezeichnet werden. Sie sehen aus wie Strickleitern mit rund drei Milliarden Sprossen. Auf ihnen verteilt, erstrecken sich die Gene, rund 30 000 von ihnen sind in uns Menschen aktiv. Manche Gene erstrecken sich über wenige tausend solcher Sprossen, andere über das Zehnfache. Das längste bekannte Gen ist das Dystrophin-Gen für das Muskelwachstum, das sich über etwa dreieinhalb Millionen Sprossen erstreckt.
- Die Gene prägen winzige Muster aus und schicken sie durch Poren im Zellkern in das große wäßrige Innere der Zelle, wo nach ihrem Bauplan in sogenannten Ribosomen Zellproteine gefertigt werden.
- Wenn man alle 46 Chromosomen in einer Körperzelle zusammenknüpfen würde, hätte man einen Molekülfaden, der 1,8 Meter lang ist. Würde man die Chromosomen in allen unseren rund 70 Billionen Körperzellen zusammenknüpfen, entstünde ein Fadenmolekül, das so lang ist, daß man es etliche tausendmal um Erde und Sonne herum aufwickeln könnte. Ein echtes Wunder der Natur also.

Nicht nur Mangelernährung ist für Nährstoffdefizite verantwortlich, sondern ebenso zuviel mentaler oder körperlicher Streß sowie zuwenig Ruhe, Schlaf oder Entspannung.

Genetisch leben bedeutet Gesundheit und Glück

Dies hat sich seit der Zeit der Neandertaler nicht geändert. Deshalb müssen wir in diesen sieben Tagen des Glücksprogramms lernen, unsere Lebensweise wieder dem inneren genetischen Programm anzupassen:

- Nur naturbelassene Lebensmittel essen oder trinken.
- Schonende Garungsmethoden anwenden, um die Vitalstoffe in den Lebensmitteln nicht durch zu langes und zu heißes Braten oder Kochen zu zerstören.
- Möglichst wasserreich essen, also viel Obst und Gemüse.
- Streß, vor allem mentale Belastungen, abbauen, selbst wenn es sich pro Tag nur um ein oder zwei Verpflichtungen oder selbstauferlegte bzw. unnötige Bürden handelt.
- Eine Stunde pro Tag mehr ruhen bzw. schlafen.
- Zur Entspannung mehrmals täglich einfache Meditationsübungen machen, selbst wenn es nur zwei, drei oder fünf Minuten sind.
- Mindestens zwanzig Minuten pro Tag (besser sind 30 Minuten) aktiv Fitneßübungen betreiben und dabei für ausreichende Sauerstoffzufuhr sorgen: Joggen, Walking, Aerobic, Jazzdance, Radfahren, Bergwandern, Schwimmen usw. sind die am besten geeigneten Sportarten dafür.
- Und immer daran denken: Unsere kleinen, hilflosen Nervenzellen sind von unserer Liebe und Fürsorge abhängig. Nur dann können sie uns mit neuem Lebensglück und frischem Optimismus versorgen.

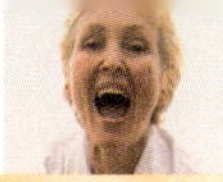

DAS 30-TAGE-GLÜCKS-PROGRAMM

Motto: Essen und trinken sind nur eine Hälfte der Ernährung und Zellversorgung. Die andere Hälfte ist Ruhe, Entspannung und Schlaf. Für diese gegenseitige Ergänzung sorgen das sympathische und das parasympathische vegetative Nervensystem.

Essen und Streß vertragen sich nicht

Immer wieder beobachten wir Zeitgenossen, die gleichzeitig essen und arbeiten. Da sitzt einer mit der geschälten Banane vorm Bildschirm, ein anderer kaut an einer Käsesemmel, während er Firmenpakete zum Postschalter schleppt. Es gibt tatsächlich Leute, denen das Mittagessen nur dann schmeckt, wenn sie nebenbei Zeitung lesen oder Fernsehen gucken.

Dabei hat die Natur es vor undenklichen Zeiten so eingerichtet, daß Ernährung bzw. Verdauung in behaglicher Ruhe stattfinden sollen.

In diesem vom Parasympathikus beherrschten Zustand arbeitet die Verdauung auf Hochtouren. Gleichzeitig sind die Arterien erweitert und der Blutfluß angeregt. So erreichen die Nährstoffe aus dem Nahrungsbrei im Darm schnell ihre Zielzellen. Die werden jetzt aufgepäppelt. So auch die Nerven- und Gehirnzellen, die nun Glückshormone produzieren.

Glücklich sein: erst 30 Tage lang – und dann für immer

- Nur noch naturbelassene Lebensmittel essen.
- Nur selten Süßes, süße Getränke, helle Mehlprodukte, Fettes zu sich nehmen.
- Auch auf alles möglichst verzichten, was Gefäße verengt: Kaffee, Zigaretten, salzreiche Kost, Probleme wälzen, Terminhektik.
- Sich mindestens drei Minuten vor jeder Hauptmahlzeit Ruhe gönnen, erst mal sammeln. Nach dem Essen wenigstens zehn Minuten lang in Ruhe verweilen, sich entspannen.

GUT ZU WISSEN

Bei Streß 40 Prozent weniger Zell-Power

- Wenn wir unser Mittagessen daheim in Ruhe zu uns nehmen und uns anschließend zum Dösen eine halbe Stunde aufs Sofa legen, erreicht ein Maximum der im Nahrungsbrei enthaltenen Biostoffe unsere Zellen.
- Wenn wir in der Kantine oder im Schnellimbiß unser Essen hastig herunterschlingen, uns anschließend gleich wieder in den Alltagsstreß stürzen, verengen sich Gefäße und erlauben Vitaminen, Aminosäuren, Spurenelementen usw. nur begrenzt den Zugang übers Blut ins Gewebe.
- Dieser Unterschied kann bis zu 40 Prozent ausmachen. Die Folge: Gehirnzellen warten zunächst sehnsüchtig auf kostbare Rohstoffe, resignieren allmählich und bauen ihre Werkstätten für die Produktion von Glückshormonen allmählich ab. Unsere Fähigkeit, Glücksstoffe zu synthetisieren, sinkt um 40 Prozent.
- Wenn die Mahlzeiten dann auch noch aus Dosengulasch, Königsberger Klopsen mit Reis aus der Tiefkühltruhe, einem Chicken-Burger oder einer Bratwurst mit Pommes, Majo und Ketchup im Fast-Food-Restaurant besteht, sieht es um die körpereigene Synthese von Happy-Machern noch düsterer aus.
- Manche Menschen drosseln die Kapazität ihrer Gehirn- und Nervenzellen für die Produktion von stimmungsaufhellenden Neurotransmittern entweder zeitweise oder permanent um bis zu 70 Prozent. Aus der Apotheke beziehen sie dann Psycho-Pillen, die ihren Zustand auf Dauer zusätzlich verschlechtern.

• Ernährungs- und Streßphasen strikt voneinander trennen.

• Körper und Seele täglich möglichst eine Stunde mehr Schlaf und Entspannung gönnen. Dies mag schon dadurch geschehen, daß der Fernseher abends ausgeschaltet bleibt.

• Dem Organismus mehr Bewegung gönnen, am besten im Freien, damit Gehirn und Nerven Sauerstoff tanken können.

BODY & MIND – Entspannung für Körper und Seele

Die Gehirnzellen spenden Glückshormone, machen uns froh und optimistisch. Doch ebenso wie andere Zellen brauchen auch sie Ruhephasen.

Meditation

Das Geheimnis tibetischer Mönche

Muskel- oder Bindegewebszellen können sich nachts, im Schlaf, regenerieren und verjüngen. Unser Gehirn bleibt aber auch dann aktiv, um den Stoffwechsel des Körpers in Gang zu halten. Deshalb brauchen unsere Neuronen besonders viel liebevolle Fürsorge, sie dürfen nicht zu sehr mit Streßfaktoren bombardiert werden. Meditation ist die einfachste Art, um Gehirn- und Nervenzellen in einen erholsamen Ruhezustand zu versetzen.

Leichter Einstieg mit Surat-Shabd-Meditation

Viele Meditationsarten erfordern körperlichen Einsatz, Verrenkungen, Belastungen oder auch spezielle Atemübungen. Meditieren nach der alten indischen Surat-Shabd-Methode ist hingegen ganz simpel.

Die Umgebung

Ziehen Sie sich allein in einen ruhigen Raum zurück, in dem es keine störenden Fremdgeräusche gibt. Nichts stört beim Meditieren mehr, als wenn das Handy klingelt oder nebenan ein Radio plärrt.

Die Körperhaltung

Setzen Sie sich ganz entspannt hin, z. B. rittlings auf einen Stuhl, betten Sie den Kopf in die Hände und legen Sie Hände und Kopf sanft auf die Stuhllehne auf. Sie können sich aber auch auf den Boden, aufs Bett oder aufs Sofa setzen, Ellbogen auf die Knie aufstützen, den Kopf in die Hände legen. Meditieren können Sie auch in der Natur, mitten im Wald, an einem Berghang oder an einem Bachufer.

Die Technik

Der Punkt der Meditation liegt zwischen den beiden Augen. Schließen Sie die Augen und richten Sie den Blick auf diesen Punkt, der ziemlich genau dort liegt, wo Ihre Augenbrauen zusammenstoßen würden. Sie müssen sich ganz in sich selbst versenken. Nach einiger Zeit werden Sie Bilder vor den Augen sehen: Sterne, helle Punkte, Blitze oder Streifen. Die Hirnfrequenz nimmt ab, und Ihr Gemüt kommt zur Ruhe, ein Gefühl von Harmonie dringt in Sie ein. Verweilen Sie etwa zehn Minuten bei diesem inneren Anblick. Danach öffnen Sie die Augen und lösen sich aus der Meditation.

Meditation als Gewohnheit

Sie werden feststellen, dass Sie nach einer solchen kleinen Übung entspannter sind. Ihre Gehirn- und Nervenzellen konnten in diesem kurzen Zeitraum neue Kräfte tanken. Machen Sie diesen Schritt in Ihr inneres Bewusstsein zur Gewohnheit, am besten täglich zur gewohnten Zeit. Ideal sind die ruhigen Morgenstunden, Sie können aber ebenso gut am Nachmittag oder am Abend meditieren.

Daß tibetische Mönche in ihren orangefarbenen Kutten stets so heiter und befreit wirken, hat seine Ursache unter anderem auch in der Meditation. Es ist eine Form der Befreiung vom Alltagsstreß, von Nöten und Sorgen. Das Schöne beim Surat-Shabd-Meditieren: Es gibt keinen mentalen oder körperlichen Zwang, Sie können meditieren, wo immer Sie möchten und zu jedem von Ihnen gewünschten Zeitpunkt.

Mit der Zeit werden Sie sich vielleicht zweimal oder gar mehrmals am Tag in die innere Ruhe versenken. Und länger in Ihrer Meditation verharren. Das Motto lautet: Ihr innerer Friede, Ihr Glück ruht stets in Ihnen selbst, nie irgendwo außerhalb.

Tai Chi & Qi Gong

Mit langsamen Bewegungen den Geist besänftigen

Die alten Chinesen wußten es schon vor 5000 Jahren: Körperliche Hektik bringt auch den Geist durcheinander. Das Sichversenken in einen dauerhaften Zustand inneren Friedens fällt mit zeitlupenhaften Bewegungen leichter. Bei Tai Chi und Chi Gong geht es darum, Arme, Beine, Hände, Rumpf oder Kopf nach bestimmten Vorgaben möglichst langsam zu bewegen

und dabei Geist und Körper zur Einheit werden zu lassen.

Die Umgebung

Tai Chi und Chi Gong können Sie daheim in Ihren eigenen vier Wänden ebenso ausüben wie im Freien, z. B. auf einer Wiese oder auf einem einsamen Waldweg.

Die Körperhaltung

Aufrecht hinstellen, leicht in die Knie gehen, so lassen sich die sanften, schwebenden Übungen leichter durchführen. Ihre Bewegungen müssen sich im Fluß befinden, wie ein langsamer, beseelter Tanz im Stehen oder im Gleiten durch den Raum. Achten Sie auf Ihre Finger, Ihre Hände, Ihre Schultern: Alles Verkrampfte, Verspannte muß sich lösen, bis Körper und Seele eine befreite Einheit bilden.

Die Technik

Arme, Beine oder Kopf führen niemals isolierte Bewegungen aus, sondern alle Körperteile finden sich zur gemeinsamen harmonischen Schwingung. Ein Beispiel: Eine Bewegung löst sich aus dem Fuß, steigt in Waden und Oberschenkel auf und ergreift schließlich in vollkommener Einheit den gesamten Körper. Wichtig: Mit den Füßen fest mit dem Boden verhaftet sein, aus dem bezieht der Körper nämlich seine Energie.

Fitneß für Muskeln und Psyche

Die beiden artverwandten Techniken Tai Chi und Qi Gong stimulieren den Kreislauf und sorgen auf diese Weise für eine bessere Durchblutung. Davon profitieren auch die kleinen Neuronen im Gehirn. Sie werden reicher mit Nährstoffen und Sauerstoff versorgt, schon mit den ersten Übungen steigert sich ihre Kapazität, Glückshormone zu synthetisieren. Sowohl Tai Chi als auch Qi Gong gibt es – ähnlich wie bei Yoga – in verschiedenen Formen, in einfachen Anleitungen quasi für den Hausgebrauch.

Yoga

Den Körper beherrschen, den Geist befreien

Yoga ist das klassische Exportprodukt indischer Lebensweisheit. Erst über die Kontrolle des Körpers in all seinen Einzelteilen löst sich der Geist auf dem Weg zu höherem Bewusstsein. Yoga ist also praktisch so etwas wie die Urform von Body & Mind, baut Streß ab und mentale Kräfte auf.

Die Umgebung

Weil Yoga den Geist ohnehin aus den Zwängen eines engen menschlichen Bewußtseins befreit, spielt es keine Rolle, ob wir die Methode daheim auf dem Teppich, in einer Gruppe, in der Turnhalle oder auf der grünen Wiese betreiben.

Die Körperhaltung

Yoga ist extrem vielseitig, kann meditativ und als Entspannung praktiziert werden, ebenso aber auch als Konzentrationsübung, als Atemtechnik oder spirituell als Weg zur bewußten Selbstwahrnehmung. Man sitzt oder steht, jeweils im Gefühl, fest mit dem Boden verhaftet zu sein, selbst wenn nur ein Fuß den Boden berührt. Wichtig ist, daß man eine Yoga-Position findet, in der man sich gut fühlt.

Die Technik

Bevor es richtig los geht, sollten Sie sich aufwärmen, Muskeln mit den Händen warm massieren, um den Kreislauf anzukurbeln und die Körpertemperatur etwas anzuheben. Dabei helfen auch entsprechende Atemübungen. Danach beginnt man mit den spezifischen Übungen, die man sich vorgenommen hat, und führt sie methodisch und bedacht durch. Es folgt eine Phase der Entspannung, des ruhigen Ausatmens und der Meditation.

Informieren Sie sich ausführlich über Möglichkeiten, Yoga zu praktizieren und wählen Sie erst danach einen Lehrer oder auch eine Gruppe aus.

Sachwortregister

Wichtiger Hinweis

Die Ratschläge in diesem Buch sind vom Autor und dem Verlag sorgfältig erwogen und geprüft. Sie bieten jedoch keinen Ersatz für kompetenten medizinischen Rat. Jede Leserin und jeder Leser ist für sein eigenes Handeln selbst verantwortlich. Alle Angaben in diesem Buch erfolgen daher ohne jegliche Gewährleistung oder Garantie seitens des Verlages oder des Autors. Eine Haftung des Autors bzw. des Verlages und seiner Beauftragten für Personen-, Sach- und Vermögensschäden ist ausgeschlossen.

Bildnachweis

Archiv Econ 56, 85, 95, 100, 105, 106, 110, 126; Corbis 21; Frank Boxler 112, 113, 144; Getty 5, 6, 38, 62, 67, 69, 73, 78; imagesource 7, 20, 60; Medixtra 41, 46; Klaus Oberbeil 144; Photodisc 13; Antje Plewinski 106, 108, 130; Superbild 5, 25; Norbert Vogel 107; Zefa 4, 6, 8, 12, 24, 32, 96, 120, 124, 129, 134, 139

1. Auflage 2005
Econ ist ein Verlag der Ullstein Buchverlage GmbH
ISBN 3-430-17203-9

Umschlaggestaltung: init, Büro für Gestaltung, Bielefeld
Layout: Katharina Schweissguth
Gesetzt aus der Scala Serif und Scala Sans
bei LVD GmbH, Berlin
Druck und Bindung: Druckerei Uhl, Radolfzell
Printed in Germany

Klaus Oberbeil, Jahrgang 1935, ist Autor mehrerer Gesundheitsbestseller wie *Fit durch Vitamine, Obst und Gemüse als Medizin, Die Zuckerfalle oder Schlankheitsformel Wasser*. Seine Bücher wurden in 15 Sprachen übersetzt und weltweit in mehr als zwei Millionen Exemplaren verkauft. Klaus Oberbeil, bekannt auch aus Fernsehauftritten und Hörfunkinterviews, sammelt die stets aktuellen Erkenntnisse aus der medizinischen Forschung, aus Zellbiologie und Genforschung, und versucht diese in informativer wie unterhaltsamer Weise einem möglichst breiten Lesepublikum bekannt zu machen. Dabei hilft ihm sein Webportal www.GesundeFamilie.de mit rund tausend Seiten an Databases sowie die traditionelle Zusammenarbeit seiner Medizin-Redaktion mit vielen deutschen Publikumszeitschriften. Er lebt in Aschau.

Dr. Ulrich Strunz, Jahrgang 1943, Internist und Orthomolekularmediziner, entwickelte das Forever-Young-Erfolgsprogramm für geistige und körperliche Höchstleistung. Über zwei Millionen »Forever-Young«-Bücher wurden verkauft. Er gehört in seiner Altersklasse zur Weltspitze der Ultra-Triathleten. In Vorträgen und Seminaren begeistert er Jahr für Jahr Zehntausende von Menschen – und führt sie in ein neues, gesundes Leben. www.strunz.com